Μύρτιλλο Ευδαιμονία

Ένα βιβλίο μαγειρικής με 100 νόστιμες συνταγές. Από το πρωινό μέχρι το επιδόρπιο, εξερευνήστε τον γευστικό κόσμο των βατόμουρων

Όλγα Ευθυμιάδη

Αποποίηση ευθυνών

Οι πληροφορίες που περιέχονται σε αυτό το Βιβλίο προορίζονται να χρησιμεύσουν ως μια περιεκτική συλλογή στρατηγικών για τις οποίες ο συγγραφέας αυτού του Βιβλίου έχει κάνει έρευνα. Οι περιλήψεις, οι στρατηγικές, οι συμβουλές και τα κόλπα συνιστώνται μόνο από τον συγγραφέα και η ανάγνωση αυτού του Βιβλίου δεν εγγυάται ότι τα αποτελέσματα θα αντικατοπτρίζουν ακριβώς τα αποτελέσματα του συγγραφέα. Ο συγγραφέας του Βιβλίου έχει καταβάλει όλες τις εύλογες προσπάθειες για να παρέχει επίκαιρες και ακριβείς πληροφορίες στους αναγνώστες του Βιβλίου. Ο συγγραφέας και οι συνεργάτες του δεν θα θεωρηθούν υπεύθυνοι για τυχόν ακούσιο λάθος ή παραλείψεις που ενδέχεται να εντοπιστούν. Το υλικό του Βιβλίου μπορεί να περιλαμβάνει πληροφορίες από τρίτους. Το υλικό τρίτων περιλαμβάνει απόψεις που εκφράζονται από τους ιδιοκτήτες τους. Ως εκ τούτου, ο συγγραφέας του Βιβλίου δεν αναλαμβάνει καμία ευθύνη ή ευθύνη για οποιοδήποτε υλικό ή απόψεις τρίτων.

ΠΙΝΑΚΑΣ ΠΕΡΙΕΧΟΜΕΝΩΝ

ΕΙΣΑΓΩΓΗ

Τα βατόμουρα θεωρούνται ένα «φυσικό πακέτο υγείας», που περιέχει διάφορες κατηγορίες βιοδραστικών ενώσεων, οι οποίες συμβάλλουν σε πολλά γνωστά οφέλη για την υγεία. Αυτά τα νόστιμα μούρα έχουν προσελκύσει μεγάλη προσοχή και εξαιρετικό ενδιαφέρον από επιστήμονες, διατροφολόγους και κατασκευαστές τροφίμων και φυσικά τους καταναλωτές, λόγω της επιστημονικά αναφερόμενης υψηλής αντιοξειδωτικής τους ικανότητας που προκύπτει από το ευρύ φάσμα πολυφαινολικών ενώσεων τους.

Αναφέρονται οι ευεργετικές επιδράσεις των βατόμουρων για πολλές χρόνιες ασθένειες, όπως ο καρκίνος, οι καρδιαγγειακές διαταραχές, ο διαβήτης και οι νευροεκφυλιστικές ασθένειες. Αυτές οι ιδιότητες υγείας συνδέονται με την αφθονία των αντιοξειδωτικών σε αυτά τα φρούτα των μούρων.

Τα βατόμουρα είναι ένα ευέλικτο και νόστιμο φρούτο που μπορεί να χρησιμοποιηθεί σε μεγάλη ποικιλία πιάτων, από το πρωινό μέχρι το δείπνο, ακόμα και σε επιδόρπια. Με το Μπλις Μπλις, θα ανακαλύψετε 100 λαχταριστές συνταγές που αναδεικνύουν την υπέροχη γεύση και τα θρεπτικά οφέλη αυτής της υπερτροφής. Επιπλέον, κάθε συνταγή συνοδεύεται από μια εκπληκτική, έγχρωμη φωτογραφία, δίνοντάς σας έναν οπτικό οδηγό για το έτοιμο πιάτο.

Σε αυτό το βιβλίο μαγειρικής, θα βρείτε τα πάντα, από κλασικές τηγανίτες και μάφιν με βατόμουρα μέχρι αλμυρά πιάτα, όπως χοιρινό φιλέτο με γλάσο βατόμουρου και σαλάτα κινόα με μύρτιλλα. Και φυσικά, υπάρχουν πολλά απολαυστικά επιδόρπια, όπως μπάρες cheesecake με βατόμουρο και τσαγκάρης blueberry.

Κάθε συνταγή είναι προσεκτικά φτιαγμένη για να τονίζει τη μοναδική γεύση και υφή των βατόμουρων και πολλές περιλαμβάνουν επίσης χρήσιμες συμβουλές και παραλλαγές για να τα κάνουν ακόμα πιο νόστιμα. Είτε είστε έμπειρος μάγειρας είτε μόλις ξεκινάτε στην κουζίνα, το Μπλις Μπλις είναι ο τέλειος οδηγός για να εξερευνήσετε τις πολλές δυνατότητες αυτού του καταπληκτικού φρούτου.

Με τις όμορφες φωτογραφίες και τις εύκολες συνταγές του, το Μπλις Μπλις είναι μια γιορτή για τα μάτια και τους γευστικούς κάλυκες. Είτε ψάχνετε για μια νέα αλλαγή σε ένα παλιό αγαπημένο σας είτε θέλετε να πειραματιστείτε με ένα νέο συστατικό, αυτό το βιβλίο μαγειρικής είναι βέβαιο ότι θα σας εμπνεύσει. Γιατί λοιπόν να μην ξεκινήσετε τη γαστρονομική σας περιπέτεια σήμερα και να ανακαλύψετε τον χαρούμενο κόσμο της μαγειρικής με βατόμουρα;.

ΠΡΩΙΝΟ ΓΕΥΜΑ

1. **<u>Γαλλικό ψωμί βατόμουρου στο φούρνο</u>**

Κάνει: 8 μερίδες

ΣΥΣΤΑΤΙΚΑ:
- 16 ουγγιές ιταλικό ψωμί
- 4 Αυγά
- ½ φλιτζάνι γάλα, 2% χαμηλών λιπαρών
- ¼ κουταλάκι του γλυκού Μπέικιν πάουντερ
- 1 κουταλάκι του γλυκού Βανίλια
- 2½ φλιτζάνι βατόμουρα, κατεψυγμένα ή φρέσκα
- ½ φλιτζάνι Ζάχαρη
- 1 κουταλάκι του γλυκού Κανέλα
- 1 κουταλάκι του γλυκού άμυλο καλαμποκιού
- 2 κουταλιές της σούπας βούτυρο, λιωμένο
- ¼ φλιτζάνι ζάχαρη άχνη

ΟΔΗΓΙΕΣ:

a) Κόψτε το ψωμί στη διαγώνιο για να δημιουργήσετε κομμάτια πάχους 8¾ ιντσών, αφαιρώντας τα τακούνια. Τοποθετήστε τις φέτες ψωμιού σε ένα ταψί 10 επί 15 ιντσών.

b) Σε ένα μεσαίο μπολ χτυπάμε τα αυγά, το γάλα, το μπέικιν πάουντερ και τη βανίλια.

c) Ρίξτε σιγά σιγά το μείγμα πάνω στο ψωμί, γυρίζοντας κάθε φέτα να στρωθεί εντελώς. Καλύψτε το σκεύος με πλαστική μεμβράνη και βάλτε το στο ψυγείο για τουλάχιστον 1 ώρα, αλλά κατά προτίμηση όλη τη νύχτα.

d) Προθερμαίνουμε τον φούρνο στους 425 βαθμούς. Καλύψτε ένα άλλο ταψί 10 επί 15 ιντσών με αντικολλητικό μαγειρικό σπρέι. Πασπαλίστε τα βατόμουρα πάνω από τον πάτο του ταψιού.

e) Ανακατεύουμε μαζί τη ζάχαρη, την κανέλα και το καλαμποκάλευρο και περιχύνουμε ακόμη και τα μούρα. Σφηνώστε σφιχτά τις φέτες ψωμιού πάνω από τα βατόμουρα, με την πιο υγρή πλευρά προς τα πάνω. Αλείφουμε το ψωμί με λιωμένο βούτυρο.

f) Ψήστε το γαλλικό τοστ στο κέντρο του φούρνου για 20 με 25 λεπτά ή μέχρι να ροδίσει.

g) Για να σερβίρετε, τοποθετήστε το τοστ -- με την πλευρά των μούρων προς τα κάτω -- σε ζεστά πιάτα. Ανακατέψτε το υπόλοιπο μείγμα των μούρων στο ταψί και, στη συνέχεια, απλώστε το τοστ.

h) Πασπαλίζουμε με ζάχαρη άχνη.

2. <u>Κρέπες Berry με σάλτσα πορτοκαλιού</u>

Κάνει: 4 μερίδες

ΣΥΣΤΑΤΙΚΑ:
- 1 φλιτζάνι φρέσκα βατόμουρα
- 1 φλιτζάνι φράουλες κομμένες σε φέτες
- 1 κουταλιά της σούπας Ζάχαρη
- Τρεις συσκευασίες των 3 ουγκιών τυρί κρέμα μαλακωμένο
- ¼ φλιτζάνι Μέλι
- ¾ φλιτζάνι χυμό πορτοκαλιού
- 8 Κρέπες

ΟΔΗΓΙΕΣ:
a) Ανακατέψτε τα βατόμουρα, τις φράουλες και τη ζάχαρη σε ένα μικρό μπολ και αφήστε το στην άκρη.
b) Για να ετοιμάσετε τη σάλτσα, χτυπήστε το τυρί κρέμα και το μέλι μέχρι να ελαφρύνουν και χτυπήστε σιγά σιγά με τον χυμό πορτοκαλιού.
c) Κουτάλι περίπου ½ φλιτζάνι γέμιση μούρων στο κέντρο 1 κρέπες. Ρίχνουμε ένα κουτάλι περίπου 1 κουταλιά της σούπας σάλτσα πάνω από τα μούρα. Τυλίγουμε σε ρολό και τοποθετούμε στο πιάτο σερβιρίσματος. Επαναλάβετε με τις υπόλοιπες κρέπες.
d) Ρίξτε την υπόλοιπη σάλτσα πάνω από τις κρέπες.

3. Βανίλια Blueberry Overnight Oats

Κάνει: 1

ΣΥΣΤΑΤΙΚΑ:
- ½ φλιτζάνι βρώμη
- ⅓ φλιτζάνι νερό
- ¼ φλιτζανιού γιαούρτι με χαμηλά λιπαρά
- ½ κουταλάκι του γλυκού αλεσμένοβανίλιαφασόλι
- 1 κουταλιά της σούπαςλιινάριάλευρο με σπόρους
- Μια πρέζα αλάτι
- Μύρτιλα, αμύγδαλα, βατόμουρα, ωμάμέλιγια επικάλυψη

ΟΔΗΓΙΕΣ:
a) Προσθέστε τα υλικά (εκτός από τις επικαλύψεις) στο μπολ το βράδυ. Βάλτε στο ψυγείο όλη τη νύχτα.

b) Το πρωί, ανακατεύουμε το μείγμα. Θα πρέπει να είναι παχύρρευστο. Προσθέστε τα toppings της επιλογής σας.

4. Τηγανίτες γιαουρτιού βρώμης βατόμουρου

ΣΥΣΤΑΤΙΚΑ:

- ½ συν ⅓ φλιτζάνι λευκό αλεύρι ολικής αλέσεως
- ½ φλιτζάνι παλαιομοδίτικη βρώμη
- 1 ½ κουταλάκι του γλυκού ζάχαρη
- ½ κουταλάκι του γλυκού μπέικιν πάουντερ
- ½ κουταλάκι του γλυκού μαγειρική σόδα
- ¼ κουταλάκι του γλυκού αλάτι kosher
- ¾ φλιτζάνι ελληνικό γιαούρτι
- ½ φλιτζάνι γάλα 2%.
- 1 κουταλάκι του γλυκού ελαιόλαδο
- 1 μεγάλο αυγό
- ½ φλιτζάνι βατόμουρα
- 12 φράουλες κομμένες σε λεπτές φέτες
- 2 ακτινίδια, καθαρισμένα και κομμένα σε λεπτές φέτες
- ¼ φλιτζάνι σιρόπι σφενδάμου

ΟΔΗΓΙΕΣ:

a) Προθερμάνετε ένα αντικολλητικό τηγάνι στους 350 βαθμούς F ή ζεστάνετε ένα αντικολλητικό τηγάνι σε μέτρια προς δυνατή φωτιά. Καλύψτε ελαφρά το ταψί ή το τηγάνι με αντικολλητικό σπρέι.

b) Σε ένα μεγάλο μπολ, συνδυάστε το αλεύρι, τη βρώμη, τη ζάχαρη, το μπέικιν πάουντερ, τη σόδα και το αλάτι. Σε μια μεγάλη γυάλινη μεζούρα ή ένα άλλο μπολ, χτυπήστε ελαφρά το γιαούρτι, το γάλα, το ελαιόλαδο και το αυγό. Ρίξτε το υγρό μείγμα πάνω από τα στεγνά υλικά και ανακατέψτε με μια λαστιχένια σπάτουλα μέχρι να υγρανθεί. Προσθέστε τα βατόμουρα και ανακατέψτε απαλά να ενωθούν.

c) Δουλεύοντας σε παρτίδες, ρίξτε ⅓ φλιτζάνι ζύμη για κάθε τηγανίτα στο ταψί και μαγειρέψτε μέχρι να εμφανιστούν φυσαλίδες από πάνω και η κάτω πλευρά να ροδίσει όμορφα, περίπου 2 λεπτά. Γυρίστε και μαγειρέψτε τις τηγανίτες από την άλλη πλευρά, 1 με 2 λεπτά περισσότερο.

d) Χωρίστε τις τηγανίτες, τις φράουλες, τα ακτινίδια και το σιρόπι σφενδάμου σε δοχεία προετοιμασίας γευμάτων. Διατηρείται σκεπασμένο στο ψυγείο 3 με 4 ημέρες. Για να το ξαναζεστάνετε, τοποθετήστε το στο φούρνο μικροκυμάτων σε διαστήματα 30 δευτερολέπτων μέχρι να ζεσταθεί.

5. Rainbow Lime Chia Pudding

ΣΥΣΤΑΤΙΚΑ:

- 1 ¼ φλιτζάνι γάλα 2%.
- 1 φλιτζάνι απλό ελληνικό γιαούρτι 2%.
- ½ φλιτζάνι σπόροι chia
- 2 κουταλιές της σούπας μέλι
- 2 κουταλιές της σούπας ζάχαρη
- 2 κουταλάκια του γλυκού ξύσμα λάιμ
- 2 κουταλιές της σούπας φρεσκοστυμμένο χυμό λάιμ
- 1 κουταλάκι του γλυκού εκχύλισμα βανίλιας
- 1 φλιτζάνι ψιλοκομμένες φράουλες και βατόμουρα
- ½ φλιτζάνι μάνγκο κομμένο σε κύβους και ½ φλιτζάνι ακτινίδιο κομμένο σε κύβους

ΟΔΗΓΙΕΣ:

a) Σε ένα μεγάλο μπολ, χτυπήστε μαζί το γάλα, το γιαούρτι, τους σπόρους chia, το μέλι, τη ζάχαρη, το ξύσμα λάιμ, το χυμό λάιμ, τη βανίλια και το αλάτι μέχρι να ενωθούν καλά.

b) Μοιράστε το μείγμα ομοιόμορφα σε τέσσερα (16-ουγγιές) βάζα τοιχοποιίας. Σκεπάζετε και βάζετε στο ψυγείο για μια νύχτα ή έως και 5 ημέρες.

c) Σερβίρετε κρύο, με από πάνω φράουλες, μάνγκο, ακτινίδιο και βατόμουρα.

6. Τσιζκέικ βρώμης με λεμόνι βατόμουρου

ΣΥΣΤΑΤΙΚΑ:

- ¼ φλιτζάνι άπαχο ελληνικό γιαούρτι
- 2 κουταλιές της σούπας γιαούρτι blueberry
- ¼ φλιτζάνι βατόμουρα
- 1 κουταλάκι του γλυκού ξύσμα λεμονιού τριμμένο
- 1 κουταλάκι του γλυκού μέλι

ΟΔΗΓΙΕΣ:

a) Συνδυάστε τη βρώμη και το γάλα σε ένα βάζο 16 ουγκιών. επάνω με τις επιθυμητές επικαλύψεις.

b) Βάλτε στο ψυγείο για μια νύχτα ή έως και 3 ημέρες. σερβίρετε κρύο.

7. PB-Μπολ πρωινού με βρώμη

ΣΥΣΤΑΤΙΚΑ:

- ½ φλιτζάνι παλαιομοδίτικη βρώμη
- Πρέζα αλάτι kosher
- 2 κουταλιές της σούπας σμέουρα
- 2 κουταλιές της σούπας βατόμουρα
- 1 κουταλιά της σούπας αμύγδαλα ψιλοκομμένα
- ½ κουταλάκι του γλυκού σπόροι chia
- 1 μπανάνα, κομμένη σε λεπτές φέτες
- 2 κουταλάκια του γλυκού φυστικοβούτυρο, ζεσταμένο

ΟΔΗΓΙΕΣ:

a) Ανακατέψτε 1 φλιτζάνι νερό, τη βρώμη και το αλάτι σε μια μικρή κατσαρόλα. Μαγειρέψτε σε μέτρια φωτιά, ανακατεύοντας κατά διαστήματα, μέχρι να μαλακώσει η βρώμη, περίπου 5 λεπτά.

b) Προσθέστε το πλιγούρι βρώμης σε ένα δοχείο προετοιμασίας γευμάτων. Γεμίστε με τα σμέουρα, τα βατόμουρα, τα αμύγδαλα, τους σπόρους chia και την μπανάνα και περιχύστε με το ζεστό φυστικοβούτυρο. Διατηρείται σκεπασμένο στο ψυγείο για 3 με 4 ημέρες.

c) Το πλιγούρι μπορεί να σερβιριστεί κρύο ή ξαναζεσταμένο. Ζεσταίνετε ξανά στο φούρνο μικροκυμάτων ανά διαστήματα 30 δευτερολέπτων μέχρι να ζεσταθεί.

8. Protein power βάφλες

ΣΥΣΤΑΤΙΚΑ:

- 6 μεγάλα αυγά
- 2 φλιτζάνια τυρί κότατζ
- 2 φλιτζάνια παλιομοδίτικη τυλιγμένη βρώμη
- ½ κουταλάκι του γλυκού εκχύλισμα βανίλιας
- Πρέζα αλάτι kosher
- 3 φλιτζάνια απλό γιαούρτι χωρίς λιπαρά
- 1 ½ φλιτζάνι σμέουρα
- 1 ½ φλιτζάνι βατόμουρα

ΟΔΗΓΙΕΣ:

a) Προθερμάνετε ένα σίδερο για βάφλες σε μέτρια υψηλή. Λαδώνουμε ελαφρά το πάνω και το κάτω μέρος του σίδερου ή καλύπτουμε με αντικολλητικό σπρέι.

b) Συνδυάστε τα αυγά, το τυρί κότατζ, τη βρώμη, τη βανίλια και το αλάτι στο μπλέντερ και ανακατέψτε μέχρι να ομογενοποιηθούν.

c) Ρίξτε ένα ελάχιστο ½ φλιτζάνι από το μείγμα των αυγών στο σίδερο για βάφλες, κλείστε απαλά και μαγειρέψτε μέχρι να ροδίσει και να γίνει τραγανό, για 4 έως 5 λεπτά.

d) Τοποθετήστε τις βάφλες, το γιαούρτι, τα σμέουρα και τα βατόμουρα σε δοχεία προετοιμασίας γευμάτων.

9. Smoothie Acai berry

ΣΥΣΤΑΤΙΚΑ:
ΓΙΑ ΠΡΟΕΤΟΙΜΑΣΙΑ
● 2 (3,88 ουγγιές) συσκευασίες κατεψυγμένος πουρές acai, αποψυγμένος
● 1 φλιτζάνι κατεψυγμένα σμέουρα
● 1 φλιτζάνι κατεψυγμένα βατόμουρα
● 1 φλιτζάνι κατεψυγμένα βατόμουρα
● 1 φλιτζάνι κατεψυγμένες φράουλες
● ½ φλιτζάνι σπόροι ροδιού
ΓΙΑ ΝΑ ΕΞΥΠΗΡΕΤΗΣΕΙ
● 1 ½ φλιτζάνι χυμό ροδιού

ΟΔΗΓΙΕΣ:
a) Συνδυάστε το acai, τα σμέουρα, τα βατόμουρα, τα βατόμουρα, τις φράουλες και τους σπόρους ροδιού σε ένα μεγάλο μπολ. Μοιράστε το μείγμα σε 4 σακούλες κατάψυξης με φερμουάρ. Καταψύξτε για έως και ένα μήνα, μέχρι να είναι έτοιμο για σερβίρισμα.
b) Τοποθετήστε τα περιεχόμενα μιας σακούλας σε ένα μπλέντερ, προσθέστε ένα γενναιόδωρο ⅓ φλιτζάνι χυμό ροδιού και ανακατέψτε μέχρι να ομογενοποιηθούν. Σερβίρετε αμέσως.

10. Διανυκτέρευση γαλλικό τοστ βατόμουρου

Κάνει: 6 έως 8

ΣΥΣΤΑΤΙΚΑ:

- 1 καρβέλι μπαγκέτα, κομμένο σε φέτες πάχους 1 ίντσας
- 6 αυγά
- 3 γ. γάλα
- 1 γ. καστανή ζάχαρη, συσκευασμένη και χωρισμένη
- εκχύλισμα βανίλιας για γεύση
- μοσχοκάρυδο για γεύση
- ¼ γ. ψιλοκομμένα πεκάν
- 2 φλιτζάνια βατόμουρα
- Προαιρετικά: σιρόπι σφενδάμου

ΟΔΗΓΙΕΣ:

a) Τακτοποιήστε τις φέτες μπαγκέτας σε ένα ελαφρώς λαδωμένο ταψί 13"x9". αφήνω στην άκρη.

b) Χτυπήστε μαζί τα αυγά, το γάλα, ¾ του φλιτζανιού καστανή ζάχαρη, τη βανίλια και το μοσχοκάρυδο σε ένα μεγάλο μπολ. Ρίξτε το μείγμα ομοιόμορφα πάνω από τις φέτες μπαγκέτας.

c) Καλύψτε και αφήστε το να κρυώσει όλη τη νύχτα. Λίγο πριν το ψήσιμο, πασπαλίζουμε από πάνω την υπόλοιπη καστανή ζάχαρη, τα πεκάν και τα βατόμουρα.

d) Ψήνουμε ακάλυπτα στους 350 βαθμούς για 50 λεπτά ή μέχρι να ροδίσουν και να αφρατέψουν. Σερβίρουμε με σιρόπι σφενδάμου, κατά βούληση.

11.   Νόστιμες βάφλες βατόμουρου

Φτιάχνει: 4 βάφλες

ΣΥΣΤΑΤΙΚΑ:

- 2 αυγα
- 2 φλιτζάνια αλεύρι για όλες τις χρήσεις
- 1 ¾ φλιτζάνι γάλα
- ½ φλιτζάνι λάδι
- 1 κουταλιά της σούπας ζάχαρη
- 4 κουταλάκια του γλυκού μπέικιν πάουντερ
- ¼ κουταλάκι του γλυκού αλάτι
- ½ κουταλάκι του γλυκού εκχύλισμα βανίλιας
- 1 ½ φλιτζάνι βατόμουρα

ΟΔΗΓΙΕΣ:

a) Σε ένα μεγάλο μπολ χτυπάμε τα αυγά με ηλεκτρικό μίξερ σε μέτρια ταχύτητα μέχρι να αφρατέψουν.

b) Προσθέστε τα υπόλοιπα συστατικά εκτός από τα μούρα. χτυπήστε μέχρι να ομογενοποιηθούν.

c) Ψεκάστε ένα σίδερο για βάφλες με αντικολλητικό φυτικό σπρέι. Ρίξτε τη ζύμη κατά ½ φλιτζάνι στο προθερμασμένο σίδερο για βάφλες. Διασκορπίστε την επιθυμητή ποσότητα μούρων πάνω από το κουρκούτι.

d) Ψήνουμε σύμφωνα με τις οδηγίες του κατασκευαστή, μέχρι να ροδίσουν.

e) Διανυκτέρευση γαλλικό τοστ μήλου

12.   Mom's Everything Waffles

Κάνει: 4 έως 6

ΣΥΣΤΑΤΙΚΑ:
- 2 φλιτζάνια μείγμα μπισκότων ψησίματος
- 1-½ φλιτζάνι βρώμη ταχείας ψησίματος, άψητη
- ¼ γ. φύτρο σιταριού
- ½ φλιτζάνι ψιλοκομμένα πεκάν ή καρύδια
- 2 αυγά χτυπημένα
- ¼ γ. φυστικοβούτυρο
- ½ φλιτζάνι γιαούρτι βανίλια
- 3-½ φλιτζάνι γάλα χαμηλών λιπαρών, χωρισμένο
- 1 γ. βατόμουρα
- Προαιρετικά: ¼ γ. μίνι κομματάκια σοκολάτας
- Γαρνίρισμα: σιρόπι σφενδάμου, επικάλυψη φρούτων, σαντιγί

ΟΔΗΓΙΕΣ:
a) Συνδυάστε το μείγμα ψησίματος, τη βρώμη, το φύτρο σιταριού και τους ξηρούς καρπούς σε ένα μεγάλο μπολ. αφήνω στην άκρη. Σε ένα ξεχωριστό μπολ, χτυπήστε τα αυγά, το φυστικοβούτυρο, το γιαούρτι και 3 φλιτζάνια γάλα.

b) Προσθέστε στα στεγνά υλικά και ανακατέψτε. Προσθέστε το υπόλοιπο γάλα όσο χρειάζεται για να πάρει τη συνοχή της σάλτσας μήλου. Διπλώστε τα μούρα και τα κομματάκια σοκολάτας, αν θέλετε.

c) Ρίξτε ½ φλιτζάνι σε προθερμασμένο σίδερο βάφλας που έχει ψεκαστεί με αντικολλητικό φυτικό σπρέι.

d) Ψήνουμε μέχρι να γίνουν τραγανά, σύμφωνα με τις οδηγίες του κατασκευαστή.

e) Σερβίρετε με σιρόπι σφενδάμου ή επικάλυψη φρούτων και μια κούκλα σαντιγί.

13. Κρέπες με βατόμουρο-λεμόνι

Κάνει: 6 μερίδες

ΣΥΣΤΑΤΙΚΑ:
- 3 ουγγιές συσκ. τυρί κρέμα, μαλακωμένο
- 1-½ φλιτζάνι μισό-μισό
- 1 Τ. χυμό λεμονιού
- 3-¾ κιλό. στιγμιαίο μείγμα πουτίγκας λεμονιού
- ½ φλιτζάνι μείγμα μπισκότων ψησίματος
- 1 αυγό, χτυπημένο
- 6 Τ. γάλα
- 1 γ. γέμιση πίτα βατόμουρου

ΟΔΗΓΙΕΣ:
a) Ανακατέψτε το τυρί κρέμα, το μισό-μισό, το χυμό λεμονιού και το μείγμα ξηρής πουτίγκας σε ένα μπολ. Χτυπάμε με ηλεκτρικό μίξερ σε χαμηλή ταχύτητα για 2 λεπτά. Βάζουμε στο ψυγείο για 30 λεπτά.

b) Λαδώνουμε ελαφρά ένα τηγάνι 6" και το βάζουμε σε μέτρια προς δυνατή φωτιά. Σε ένα μπολ ανακατεύουμε το μείγμα μπισκότου, το αυγό και το γάλα.

c) Χτυπάμε μέχρι να ομογενοποιηθούν. Ρίξτε 2 κουταλιές της σούπας ζύμη στο τηγάνι για κάθε κρέπα. Περιστρέφοντας γρήγορα το τηγάνι, αφήστε το κουρκούτι να καλύψει τον πάτο του τηγανιού.

d) Μαγειρέψτε κάθε κρέπα μέχρι να ροδίσει ελαφρά, στη συνέχεια αναποδογυρίστε, μαγειρεύοντας ξανά μέχρι να ροδίσει.

e) Ρίχνετε 2 κουταλιές της σούπας μείγμα τυριού κρέμα σε κάθε κρέπα και τυλίγετε σε ρολό.

f) Γεμίστε με το υπόλοιπο μείγμα τυριών κρέμας και τη γέμιση πίτας.

14.   Τηγανίτες φαγόπυρου βατόμουρου

Κάνει: 4 μερίδες

ΣΥΣΤΑΤΙΚΑ:
- 1-½ φλιτζάνι αλεύρι φαγόπυρου
- ½ τ. μπέικιν πάουντερ
- ½ τ. μαγειρική σόδα
- ¼ τ. άλας
- 1 γ. βουτυρόγαλα
- 2 ασπράδια, χτυπημένα
- 1 αυγό, χτυπημένο
- 1 Τ. μέλι
- 1 Τ. λάδι canola
- 1 t. εκχύλισμα βανίλιας
- 1 γ. βατόμουρα, αποψυγμένα αν έχουν παγώσει
- Γαρνίρισμα: σιρόπι σφενδάμου, φρέσκα φρούτα

ΟΔΗΓΙΕΣ:
a) Σε ένα μπολ ανακατεύουμε το αλεύρι, το μπέικιν πάουντερ, τη σόδα και το αλάτι.

b) Σε ένα ξεχωριστό μπολ ανακατεύουμε το βουτυρόγαλα, τα ασπράδια, το αυγό, το μέλι, το λάδι και τη βανίλια.

c) Προσθέστε το μείγμα βουτυρόγαλου στο μείγμα αλευριού. Ανακατέψτε καλά.

d) Διπλώστε απαλά τα βατόμουρα.

e) Ζεσταίνουμε ένα ελαφρά λαδωμένο τηγάνι σε μέτρια φωτιά. Προσθέστε τη ζύμη κατά ¼ κάψουλες.

f) Μαγειρέψτε μέχρι να εμφανιστούν φυσαλίδες από πάνω, περίπου 1-½ λεπτό.

g) Στροφή; μαγειρέψτε την άλλη πλευρά μέχρι να ροδίσει, περίπου 1-½ λεπτό.

h) Συμπληρώστε με περισσότερα φρέσκα φρούτα ή σιρόπι σφενδάμου, όπως θέλετε.

15. Τέλειες τηγανίτες βατόμουρου

Φτιάχνει: μια ντουζίνα τηγανίτες

ΣΥΣΤΑΤΙΚΑ:
- 1 γ. γάλα
- ½ φλιτζάνι νερό
- 1 γ. συν 2 Τ. αλεύρι ολικής αλέσεως
- ½ φλιτζάνι καλαμποκάλευρο
- 1 t. μπέικιν πάουντερ
- ½ τ. μαγειρική σόδα
- ¼ τ. άλας
- 1 γ. βατόμουρα
- 2 Τ. λάδι, διαιρεμένο
- Γαρνίρισμα: μαρμελάδα ή σιρόπι

ΟΔΗΓΙΕΣ:
a) Ανακατέψτε μαζί το γάλα και το νερό σε ένα μικρό μπολ. αφήνω στην άκρη. Κοσκινίζουμε μαζί το αλεύρι, το καλαμποκάλευρο, το μπέικιν πάουντερ, τη σόδα και το αλάτι σε ένα μεγάλο μπολ. Ανακατέψτε καλά. Ανακατεύουμε το μείγμα γάλακτος μέχρι να ενωθούν.

b) Διπλώστε τα βατόμουρα. αφήστε να σταθεί 5 λεπτά.

c) Ζεσταίνουμε μια κουταλιά της σούπας λάδι σε ένα μεγάλο τηγάνι σε μέτρια φωτιά. Ρίξτε ¼ φλιτζάνι ζύμη ανά τηγανίτα στο τηγάνι. μαγειρέψτε μέχρι να αφρατέψει από πάνω και οι άκρες να στεγνώσουν ελαφρώς.

d) Γυρίζουμε και ψήνουμε από την άλλη πλευρά μέχρι να ροδίσει. Επαναλάβετε με το υπόλοιπο λάδι και τη ζύμη.

e) Σερβίρουμε ζεστό με μαρμελάδα ή σιρόπι, κατά βούληση.

16. Blueberry Spirulina Ολονύχτια βρώμη

Κάνει: 1

ΣΥΣΤΑΤΙΚΑ:
- ½ φλιτζάνι βρώμη
- 1 κουταλιά της σούπας τριμμένη καρύδα
- ⅛ κουταλάκια του γλυκού κανέλα
- ½ κουταλάκι του γλυκού σπιρουλίνα
- ½ φλιτζάνι φυτικό γάλα
- 1 ½ κουταλιά της σούπας γιαούρτι φυτικής προέλευσης
- ¼ φλιτζάνι κατεψυγμένα βατόμουρα
- 1 κουταλάκι του γλυκού σπόρους κάνναβης προαιρετικά
- 1 ακτινίδιο, κομμένο σε φέτες

ΟΔΗΓΙΕΣ:
a) Σε ένα βάζο ή μπολ προσθέστε τη βρώμη, την τριμμένη καρύδα, την κανέλα και τη σπιρουλίνα. Στη συνέχεια, προσθέστε το φυτικό γάλα και την καρύδα ή το φυσικό γιαούρτι.

b) Προσθέστε τα κατεψυγμένα βατόμουρα και το ακτινίδιο από πάνω. Βάλτε το στο ψυγείο για μια νύχτα ή τουλάχιστον για μία ώρα ή περισσότερο.

c) Πριν το σερβίρετε, προσθέστε τους σπόρους κάνναβης αν θέλετε. Απολαμβάνω!

17. Πουτίγκα Lime Flax

Κάνει: 1 μερίδα

ΣΥΣΤΑΤΙΚΑ:
- 1 ¼ φλιτζάνι γάλα 2%.
- 1 φλιτζάνι απλό ελληνικό γιαούρτι 2%.
- ½ φλιτζάνι λιναρόσποροι
- 2 κουταλιές της σούπας μέλι
- 2 κουταλιές της σούπας ζάχαρη
- 2 κουταλάκια του γλυκού ξύσμα λάιμ
- 2 κουταλιές της σούπας φρεσκοστυμμένο χυμό λάιμ
- 1 κουταλάκι του γλυκού εκχύλισμα βανίλιας
- 1 φλιτζάνι ψιλοκομμένες φράουλες και βατόμουρα
- ½ φλιτζάνι μάνγκο κομμένο σε κύβους και ½ φλιτζάνι ακτινίδιο κομμένο σε κύβους

ΟΔΗΓΙΕΣ:
d) Σε ένα μεγάλο μπολ, χτυπήστε μαζί το γάλα, το γιαούρτι, τους σπόρους λιναριού, το μέλι, τη ζάχαρη, το ξύσμα λάιμ, το χυμό λάιμ, τη βανίλια και το αλάτι μέχρι να ενωθούν καλά.
e) Μοιράζουμε το μείγμα ομοιόμορφα σε τέσσερα βάζα.
f) Σκεπάζουμε και βάζουμε στο ψυγείο για μια νύχτα ή για έως και 5 ημέρες.
g) Σερβίρετε κρύο, με από πάνω φράουλες, μάνγκο, ακτινίδιο και βατόμουρα.

18. <u>Μπολ πρωινού με κινόα καρύδας</u>

Κάνει: 4

ΣΥΣΤΑΤΙΚΑ:
- 1 κουταλιά της σούπας λάδι καρύδας
- 1 ½ φλιτζάνι κόκκινη ή μαύρη κινόα, ξεπλυμένη
- Κονσέρβα 14 ουγκιών ελαφρύ γάλα καρύδας χωρίς ζάχαρη, συν περισσότερο για το σερβίρισμα
- 4 φλιτζάνια νερό
- Λεπτό θαλασσινό αλάτι
- κουταλιές της σούπας μέλι, αγαύη ή σιρόπι σφενδάμου
- 2 κουταλάκια του γλυκού εκχύλισμα βανίλιας
- Γιαούρτι καρύδας
- Βακκίνια
- Γκότζι μπέρι
- Ψημένοι σπόροι κολοκύθας
- Ψημένες νιφάδες καρύδας χωρίς ζάχαρη

ΟΔΗΓΙΕΣ:
a) Ζεσταίνουμε το λάδι σε μια κατσαρόλα σε μέτρια φωτιά. Προσθέστε την κινόα και φρυγανιά για περίπου 2 λεπτά, ανακατεύοντας συχνά. Ανακατέψτε σιγά σιγά το κουτί με το γάλα καρύδας, το νερό και μια πρέζα αλάτι. Η κινόα θα φουσκώσει και θα εκτοξευθεί στην αρχή, αλλά θα κατακαθίσει γρήγορα.

b) Αφήνουμε να πάρει βράση, στη συνέχεια σκεπάζουμε, χαμηλώνουμε τη φωτιά και σιγοβράζουμε μέχρι να αποκτήσει μια τρυφερή, κρεμώδη υφή, περίπου 20 λεπτά. Αποσύρουμε από τη φωτιά και προσθέτουμε το μέλι, την αγαύη, το σιρόπι σφενδάμου και τη βανίλια.

c) Για να σερβίρετε, μοιράστε την κινόα σε μπολ. Συμπληρώστε επιπλέον γάλα καρύδας, γιαούρτι καρύδας, βατόμουρα, γκότζι μπέρι, σπόρους κολοκύθας και νιφάδες καρύδας.

19. Σαλάτα πρωινού βατόμουρου

ΣΥΣΤΑΤΙΚΑ:
Σαλάτα:

- 2 κιλά ανάμεικτα, σκισμένα χόρτα σαλάτας
- 4 φλιτζάνια φρέσκα βατόμουρα
- 4 φλιτζάνια φρέσκα τμήματα πορτοκαλιού
- 2 φλιτζάνια Granola

Λαδόξιδο
- 1 φλιτζάνι λάδι καρύδας
- 1 φλιτζάνι κατεψυγμένα βατόμουρα, αποψυγμένα
- 1 κουταλιά της σούπας μουστάρδα Dijon
- 2 κουταλιές της σούπας καστανή ζάχαρη
- 2 κουταλάκια του γλυκού κιμά ασκαλώνι
- ¾ κουταλάκι του γλυκού αλάτι kosher
- ½ κουταλάκι του γλυκού αλεσμένο πιπέρι
- ½ κουταλάκι του γλυκού πάπρικα

ΟΔΗΓΙΕΣ:
a) **Για βινεγκρέτ:**Προσθέστε όλα τα υλικά σε ένα μπλέντερ ή επεξεργαστή τροφίμων και επεξεργαστείτε μέχρι το μείγμα να γίνει λείο. Ψύξτε τουλάχιστον 30 λεπτά για να αναμειχθούν οι γεύσεις. Φτιάχνει: 2 φλ.

b) Ρίξτε όλα τα χόρτα της σαλάτας με τη βινεγκρέτ Blueberry και μοιράστε τα ντυμένα χόρτα σε οκτώ μεγάλα πιάτα.

c) Τοποθετήστε κομμάτια πορτοκαλιού και βατόμουρα πάνω από κάθε σαλάτα.

d) Πασπαλίζουμε κάθε σαλάτα με γκρανόλα και σερβίρουμε αμέσως.

20. Βάφλες καλαμποκιού με βατόμουρα

Κάνει: 4 έως 6 μερίδες

ΣΥΣΤΑΤΙΚΑ:
- 1 ½ φλιτζάνι αλεύρι για όλες τις χρήσεις
- ½ φλιτζάνι κίτρινο καλαμποκάλευρο
- ¼ φλιτζάνι κρυσταλλική ζάχαρη
- ½ κουταλάκι του γλυκού αλάτι kosher
- 1 ½ κουταλάκι του γλυκού μπέικιν πάουντερ
- 1 ¼ φλιτζάνι βουτυρόγαλα
- 2 αυγά ελαφρά χτυπημένα
- ½ φλιτζάνι (1 ξυλάκι) ανάλατο βούτυρο, λιωμένο
- ¾ φλιτζάνι κατεψυγμένα βατόμουρα, αποψυγμένα

ΟΔΗΓΙΕΣ:
a) Προθερμάνετε τη βαφλιέρα σας.

b) Σε ένα μεγάλο μπολ ανακατεύουμε το αλεύρι, το καλαμποκάλευρο, τη ζάχαρη, το αλάτι και το μπέικιν πάουντερ. Ανακατεύουμε τα ξηρά υλικά μέχρι να ενωθούν καλά.

c) Στο κέντρο των ξηρών υλικών, κάντε ένα μικρό πηγάδι. Προσθέστε το βουτυρόγαλα, τα αυγά και το λιωμένο βούτυρο. Ανακατεύουμε με ένα σύρμα μέχρι να ενωθούν καλά. Στη συνέχεια, διπλώστε τα βατόμουρα στο κουρκούτι.

d) Ψεκάστε το σίδερο για βάφλες με αντικολλητικό μαγειρικό σπρέι. Τοποθετήστε 1 έως 1 ½ φλιτζάνια ζύμη στο σίδερο και μαγειρέψτε μέχρι τα εξωτερικά μέρη να είναι ωραία και τραγανά. Επαναλάβετε μέχρι να μην υπάρχει άλλο κουρκούτι. Σερβίρετε και απολαμβάνετε με τα αγαπημένα σας toppings.

21. Μπουκιές τηγανίτας βατόμουρου

ΣΥΣΤΑΤΙΚΑ:

- κατεψυγμένα βατόμουρα - ½ φλιτζάνι
- Αλεύρι καρύδας - ½ φλιτζάνι
- Μπέικιν πάουντερ - 1 κουταλάκι του γλυκού
- Αλάτι - ½ κουταλάκι του γλυκού
- Swerve Sweetener – ¼ φλ
- κανέλα - ¼ κουταλάκι του γλυκού
- Εκχύλισμα βανίλιας, χωρίς ζάχαρη – ½ κουταλάκι του γλυκού
- Βούτυρο, τροφοδοτημένο με χόρτο, ανάλατο, λιωμένο – ¼ φλ
- Αυγά βοσκημένα – 4
- Νερό – ⅓ φλιτζάνι

ΟΔΗΓΙΕΣ:

a) Ρυθμίστε το φούρνο στους 350 βαθμούς F και αφήστε το να προθερμανθεί μέχρι τα μάφιν να είναι έτοιμα για ψήσιμο.

b) Σπάστε τα αυγά σε ένα μπολ, προσθέστε τη βανίλια και το γλυκαντικό, χτυπήστε με ένα μίξερ μέχρι να ομογενοποιηθούν και στη συνέχεια ανακατέψτε το αλάτι, την κανέλα, το βούτυρο, το μπέικιν πάουντερ και το αλεύρι μέχρι να ενσωματωθεί και να ομογενοποιηθεί η ζύμη.

c) Αφήνουμε το κουρκούτι να καθίσει για 10 λεπτά ή μέχρι να πήξει και μετά ανακατεύουμε με νερό μέχρι να ομογενοποιηθεί.

d) Πάρτε ένα δίσκο για μίνι μάφιν 25 φλιτζανιών σιλικόνης, αλείψτε τα φλιτζάνια με λάδι αβοκάντο, μετά ρίξτε ομοιόμορφα το έτοιμο κουρκούτι σε αυτά και προσθέστε λίγα βατόμουρα, πιέζοντας τα μούρα απαλά μέσα στο κουρκούτι.

e) Τοποθετήστε το ταψί για muffin στο φούρνο και ψήστε τα muffins για 25 λεπτά ή μέχρι να ψηθούν καλά και η κορυφή να ροδίσει όμορφα.

f) Όταν τελειώσετε, βγάζετε τα muffins από το δίσκο και τα κρυώνετε στη σχάρα.

g) Τοποθετήστε τα muffins σε μια μεγάλη σακούλα κατάψυξης ή μοιράστε τα ομοιόμορφα σε πακέτα και φυλάξτε τα στο ψυγείο για τέσσερις ημέρες ή στην κατάψυξη για έως και 3 μήνες.

h) Όταν είναι έτοιμα για σερβίρισμα, ψήνουμε τα muffins στο φούρνο μικροκυμάτων για 45 δευτερόλεπτα έως 1 λεπτό ή μέχρι να ζεσταθούν καλά

22. **Πρωινό με αμύγδαλο καρύδας**

ΣΥΣΤΑΤΙΚΑ:

- 2 κουταλιές της σούπας ψητές πεπίτες
- ⅓ φλιτζάνι γάλα καρύδας
- 2 κουταλιές της σούπας αμύγδαλα ψιλοκομμένα
- 1 κουταλιά της σούπας σπόρους chia
- ⅓ φλιτζάνι νερό
- Μια χούφτα βατόμουρα

ΟΔΗΓΙΕΣ:

a) Στον επεξεργαστή τροφίμων ή στο μπλέντερ σας, ανακατέψτε τις πεπίτες με αμύγδαλα και χτυπήστε τις καλά.

b) Τοποθετήστε το Instant Pot πάνω από μια στεγνή πλατφόρμα στην κουζίνα σας. Ανοίξτε το επάνω καπάκι του και ενεργοποιήστε το.

c) Προσθέστε τους σπόρους chia με νερό και γάλα καρύδας. ανακατεύουμε απαλά να ανακατευτούν καλά.

d) Προσθέστε το μείγμα της πεπίτας και ανακατέψτε.

e) Κλείστε το καπάκι για να δημιουργήσετε έναν κλειδωμένο θάλαμο. βεβαιωθείτε ότι η βαλβίδα ασφαλείας είναι στη θέση κλειδώματος.

f) Βρείτε και πατήστε τη λειτουργία μαγειρέματος "MANUAL". χρονοδιακόπτης στα 5 λεπτά με την προεπιλεγμένη λειτουργία πίεσης «HIGH».

g) Αφήστε την πίεση να αυξηθεί για να ψηθούν τα υλικά.

h) Αφού περάσει ο χρόνος μαγειρέματος, πατήστε τη ρύθμιση «CANCEL». Βρείτε και πατήστε τη λειτουργία μαγειρέματος "QPR". Αυτή η ρύθμιση είναι για γρήγορη απελευθέρωση της εσωτερικής πίεσης.

i) Σερβίρουμε με από πάνω τα βατόμουρα.

23. <u>Τηγανίτες μπανάνας-βατόμουρου</u>

Κάνει: 4 μερίδες

ΣΥΣΤΑΤΙΚΑ:
- 1 ώριμη μπανάνα, πολτοποιημένη
- 2 φλιτζάνια γάλα σόγιας
- 2 κουταλιές της σούπας vegan μαργαρίνη, λιωμένη
- 1 κουταλάκι του γλυκού καθαρό εκχύλισμα βανίλιας
- 11⁄2 φλιτζάνι αλεύρι για όλες τις χρήσεις
- 1⁄2 φλιτζάνι βρώμη γρήγορα
- 2 κουταλιές της σούπας ζάχαρη
- 0,5 κουταλάκι του γλυκού μπέικιν πάουντερ
- 1 κουταλάκι του γλυκού αλεσμένη κανέλα
- 1⁄2 κουταλάκι του γλυκού αλεσμένο μπαχάρι
- 1⁄2 κουταλάκι του γλυκού αλεσμένο μοσχοκάρυδο
- 1⁄2 κουταλάκι του γλυκού αλάτι
- 1 φλιτζάνι φρέσκα βατόμουρα
- Κανόλα ή σταφυλέλαιο, για τηγάνισμα

ΟΔΗΓΙΕΣ:
a) Σε ένα μεγάλο μπολ, συνδυάστε τη μπανάνα, το γάλα σόγιας, τη λιωμένη μαργαρίνη και τη βανίλια, ανακατεύοντας καλά. Αφήνω στην άκρη.

b) Σε ένα ξεχωριστό μεγάλο μπολ, συνδυάστε το αλεύρι, τη βρώμη, τη ζάχαρη, το μπέικιν πάουντερ, την κανέλα, το μπαχάρι, το μοσχοκάρυδο και το αλάτι. Προσθέστε τα υγρά συστατικά στα ξηρά συστατικά και ανακατέψτε με μερικές γρήγορες κινήσεις. Διπλώστε τα βατόμουρα. Προθερμάνετε το φούρνο στους 225°F.

c) Σε ένα ταψί ή μεγάλο τηγάνι, ζεσταίνουμε ένα λεπτό στρώμα λαδιού σε μέτρια προς δυνατή φωτιά. Ρίξτε 1⁄4 φλιτζάνι έως 1⁄3 φλιτζάνι καπάκια ζύμης στο ζεστό ταψί. Μαγειρέψτε μέχρι να εμφανιστούν μικρές φυσαλίδες στην κορυφή, περίπου 3 λεπτά.

d) Γυρίστε τις τηγανίτες και μαγειρέψτε μέχρι να ροδίσει η δεύτερη πλευρά, περίπου 2 με 3 λεπτά.

e) Μεταφέρετε τις μαγειρεμένες τηγανίτες σε μια πυρίμαχη πιατέλα και κρατήστε τις ζεστές στο φούρνο ενώ μαγειρεύετε τις υπόλοιπες.

24. Βάφλες βατόμουρου με φιλί λεμονιού

Κάνει: 4 μερίδες

ΣΥΣΤΑΤΙΚΑ:
- 11⁄2 φλιτζάνι αλεύρι για όλες τις χρήσεις
- 1⁄2 φλιτζάνι βρώμη ντεμοντέ
- 1⁄4 φλιτζάνι ζάχαρη
- κουταλάκια του γλυκού μπέικιν πάουντερ
- 1⁄2 κουταλάκι του γλυκού αλάτι
- 1 κουταλάκι του γλυκού αλεσμένη κανέλα
- 2 φλιτζάνια γάλα σόγιας
- 1 κουταλιά της σούπας φρέσκο χυμό λεμονιού
- 1 κουταλάκι του γλυκού ξύσμα λεμονιού
- 1⁄4 φλιτζάνι vegan μαργαρίνη, λιωμένη
- 1⁄2 φλιτζάνι φρέσκα βατόμουρα

ΟΔΗΓΙΕΣ:
a) Λαδώνουμε ελαφρά τη βαφλιέρα και την προθερμαίνουμε. Προθερμάνετε το φούρνο στους 225°F.

b) Σε ένα μεγάλο μπολ ανακατεύουμε το αλεύρι, τη βρώμη, τη ζάχαρη, το μπέικιν πάουντερ, το αλάτι και την κανέλα. Αφήνω στην άκρη.

c) Σε ένα ξεχωριστό μεγάλο μπολ, χτυπήστε μαζί το γάλα σόγιας, το χυμό λεμονιού, το ξύσμα λεμονιού και τη μαργαρίνη. Προσθέστε τα υγρά συστατικά στα ξηρά συστατικά και ανακατέψτε με μερικές γρήγορες κινήσεις, ανακατεύοντας μέχρι να ομογενοποιηθούν. Διπλώστε τα βατόμουρα.

d) Ρίξτε 1⁄2 με 1 φλιτζάνι από το κουρκούτι (ανάλογα με τις οδηγίες με τη βαφλιέρα σας) στο ζεστό σίδερο για βάφλες. Μαγειρέψτε μέχρι να γίνει, 3 έως 5 λεπτά για τα περισσότερα σίδερα για βάφλες. Μεταφέρετε τις ψημένες βάφλες σε μια πυρίμαχη πιατέλα και κρατήστε τις ζεστές στο φούρνο ενώ μαγειρεύετε τις υπόλοιπες.

25. Γαλλικό τοστ βατόμουρου

Κάνει: 2

ΣΥΣΤΑΤΙΚΑ:
- 8 κομμάτια φρέσκο ψωμί ολικής αλέσεως, κομμένο σε φέτες
- 5 μεγάλα αυγά, χτυπημένα
- 44 ml γάλα
- Σιρόπι σφενδάμου 85 γρ
- ¼ κουταλάκι του γλυκού θαλασσινό αλάτι
- ½ κουταλάκι του γλυκού αλεσμένη κανέλα
- 125 γραμμάρια βατόμουρα
- 6 κουταλιές της σούπας ελαιόλαδο
- 8 κούκλες βούτυρο

ΟΔΗΓΙΕΣ:
a) Ρίξτε το ελαιόλαδο σε ένα μεγάλο τηγάνι ή πιατέλα από χυτοσίδηρο.
b) Συνδυάστε τα αυγά, το γάλα, το σιρόπι σφενδάμου, το αλάτι και την κανέλα σε ένα μεγάλο πιάτο ανάμειξης.
c) Βουτάμε κάθε φέτα ψωμί στη σάλτσα.
d) Τοποθετήστε το ψωμί στο ταψί και μουλιάστε το για 5-10 λεπτά στο μείγμα των αυγών.
e) Τοποθετήστε τα βατόμουρα πάνω από το ψωμί.
f) Ψήνετε στην υπόλοιπη θερμότητα του φούρνου μέχρι να μουλιάσει το κουρκούτι των αυγών και να ροδίσει το ψωμί.
g) Βγάζουμε από το φούρνο και περιχύνουμε με το σιρόπι σφενδάμου και το βούτυρο.

26. <u>Granola με βρώσιμα λουλούδια</u>

ΣΥΣΤΑΤΙΚΑ:
- χυμό από ½ λεμόνι
- ξύσμα από 1 λεμόνι
- ¼ φλιτζάνι ζάχαρη
- 1 κρόκος αυγού
- 2 κουταλιές της σούπας βούτυρο κομμένο σε μικρά
- ¼ φλιτζάνι ελληνικό γιαούρτι
- ½ φλιτζάνι καβουρδισμένα αμύγδαλα
- ½ φλιτζάνι βατόμουρα
- ½ φλιτζάνι granola
- Πανσέδες, νυστέρια και γαρύφαλλα

ΟΔΗΓΙΕΣ:
a) Σε μια κατσαρόλα βάζουμε το χυμό λεμονιού, το ξύσμα λεμονιού, τη ζάχαρη και τον κρόκο αυγού.

b) Μαγειρέψτε ανακατεύοντας συνεχώς με μια ξύλινη κουτάλα μέχρι να πήξει.

c) Όταν είναι έτοιμο το βάζουμε στο πλάι και προσθέτουμε το βούτυρο και το κόβουμε σε κομμάτια. Το ανακατεύουμε μέχρι να λιώσει το βούτυρο και το αφήνουμε να κρυώσει. Όταν κρυώσει προσθέτουμε το γιαούρτι και το ανακατεύουμε.

d) Φρυγανίζουμε τα αμύγδαλα σε ένα τηγάνι με ένα κουταλάκι του γλυκού λάδι.

e) Όταν όλα τα υλικά είναι έτοιμα αρχίστε να στρώνετε όλα τα υλικά.

f) Ξεκινήστε με γκρανόλα, μετά τους μισούς ξηρούς καρπούς, το μείγμα γιαουρτιού-λεμονιού, τα μούρα και τους υπόλοιπους ξηρούς καρπούς, καλύψτε με το υπόλοιπο μείγμα γιαουρτιού και γαρνίρετε με βρώσιμα λουλούδια.

ΣΝΑΚ

27. Τροχοί ουράνιου τόξου hummus veggie

ΣΥΣΤΑΤΙΚΑ:

- 2 κουταλιές της σούπας χούμους
- 1 (8 ιντσών) τορτίγια σπανάκι
- ¼ φλιτζανιού κόκκινη πιπεριά κομμένη σε λεπτές φέτες
- ¼ φλιτζανιού κίτρινη πιπεριά κομμένη σε λεπτές φέτες
- ¼ φλιτζανιού καρότο κομμένο σε λεπτές φέτες
- ¼ φλιτζάνι αγγούρι κομμένο σε λεπτές φέτες
- ¼ φλιτζάνι baby σπανάκι
- ¼ φλιτζάνι τριμμένο κόκκινο λάχανο
- ¼ φλιτζάνι φύτρα μηδικής
- ½ φλιτζάνι φράουλες
- ½ φλιτζάνι βατόμουρα

ΟΔΗΓΙΕΣ:

a) Απλώστε το χούμους στην επιφάνεια της τορτίγιας σε μια ομοιόμορφη στρώση, αφήνοντας ένα περίγραμμα ¼ ίντσας. Τοποθετήστε τις πιπεριές, το καρότο, το αγγούρι, το σπανάκι, το λάχανο και τα φύτρα στο κέντρο της τορτίγιας.

b) Φέρτε την κάτω άκρη της τορτίγιας σφιχτά πάνω από τα λαχανικά, διπλώνοντας στα πλαϊνά. Συνεχίστε το ρολό μέχρι να φτάσετε στην κορυφή της τορτίγιας. Κόβουμε στα έκτα.

c) Τοποθετήστε τους τροχούς, τις φράουλες και τα βατόμουρα σε ένα δοχείο προετοιμασίας γευμάτων. Βάζουμε στο ψυγείο για 3 με 4 ημέρες.

28. Trail Mix

Φτιάχνει: περίπου 2 φλ

ΣΥΣΤΑΤΙΚΑ:
- 1 φλιτζάνι (15g) σκασμένο ποπ κορν
- ¼ φλιτζάνι (40 g) καβουρδισμένα φιστίκια
- ¼ φλιτζάνι (40 g) καβουρδισμένα αμύγδαλα
- ¼ φλιτζάνι (40 g) σπόροι κολοκύθας
- ¼ φλιτζάνι (35 g) αποξηραμένα βατόμουρα, χωρίς προσθήκη ζάχαρης
- 2 κουταλιές της σούπας τσιπς μαύρης σοκολάτας (προαιρετικά)
- πρέζα κανέλα (προαιρετικά)
- πρέζα αλάτι

ΟΔΗΓΙΕΣ:
a) Ανακατεύουμε όλα τα υλικά μαζί, προσαρμόζοντας αν θέλουμε την κανέλα και το αλάτι στη γεύση.
b) Αποθήκευσε σε ένα αεροστεγές δοχείο.
c) Διαρκεί έως και 2 εβδομάδες στο ντουλάπι.

29. Φράουλες γεμιστές Nutella

ΣΥΣΤΑΤΙΚΑ:

- 30 φρέσκες φράουλες κομμένες σε φέτες
- 1 (7 ουγκιές) κουτί σαντιγί
- Βάζο Nutella 13 ουγκιών
- 30 φρέσκα βατόμουρα
- 1 (14,4 ουγκιές) συσκευασία μίνι κράκερ Graham

ΟΔΗΓΙΕΣ:

a) Αρχικά, κόψτε το κάτω μέρος κάθε φράουλας και δημιουργήστε μια τρύπα σε κάθε μία από αυτές από πάνω.

b) Τώρα βάλτε σαντιγί και άλειμμα φουντουκιού σε αυτή την τρύπα και από πάνω ένα μύρτιλο.

c) Καλύψτε με ένα κράκερ Graham πριν το σερβίρετε.

30.   <u>Vegan Grape & Berry Pizza</u>

Κάνει: 12

ΣΥΣΤΑΤΙΚΑ:

- 1 Κρούστα μπισκότων ζάχαρης

ΓΕΜΙΣΗ ΤΥΡΙ ΚΡΕΜΑ

- 8 ουγγιές Vegan Cream Cheese Style Spread
- 1 κουτί γάλα καρύδας πλήρες σε λιπαρά, αποβουτυρωμένα τα στερεά
- ⅓ φλιτζάνι ζάχαρη άχνη
- 1 κουταλάκι του γλυκού. εκχύλισμα βανίλιας

ΕΠΙΓΑΛΥΜΑ ΦΡΟΥΤΩΝ

- 8 μεγάλες φράουλες, κομμένες σε φέτες
- 4 ακτινίδια, καθαρισμένα και κομμένα σε φέτες
- ½ φλιτζάνι βατόμουρα
- ½ φλιτζάνι σταφύλια μισά
- ¼ φλιτζάνι σμέουρα
- 2 κουταλιές της σούπας απλό σιρόπι

ΟΔΗΓΙΕΣ

a) Προθερμάνετε το φούρνο στους 350 F. Ψεκάστε ένα ταψί πίτσας 14" με μαγειρικό σπρέι και αφήστε το στην άκρη.

b) Απλώστε τη ζύμη μπισκότων ομοιόμορφα στο έτοιμο ταψί για πίτσα. Ανοίξτε μερικές τρύπες στην κρούστα με ένα πιρούνι και ψήστε την κρούστα για 12-15 λεπτά, μέχρι να ροδίσουν οι άκρες και να ψηθεί το μπισκότο στη μέση. Βγάζουμε από το φούρνο και βάζουμε στο ψυγείο ή στην κατάψυξη να παγώσει.

c) Φτιάχνουμε τη γέμιση με τυρί κρέμα. Για να φτιάξετε τη γέμιση, αφαιρέστε τα στερεά από το γάλα καρύδας σε ένα μεσαίου μεγέθους μπολ. Προσθέστε vegan άλειμμα τυριού κρέμα, τη ζάχαρη και τη βανίλια και ανακατέψτε με ένα μίξερ χειρός μέχρι να ομογενοποιηθούν πλήρως. Ψύξτε μέχρι να είναι έτοιμο για χρήση.

d) Συναρμολογήστε την πίτσα. Μόλις κρυώσει το μπισκότο, το περιχύνουμε με τη γέμιση τυριού κρέμα, απλώνοντάς το ακόμη και με μια σπάτουλα offset. Επιστρέψτε την πίτσα στο ψυγείο για να σταθεροποιηθεί η γέμιση όσο ετοιμάζετε τα φρούτα.

e) Κόψτε τις φράουλες και το ακτινίδιο. Κόβουμε τα σταφύλια στη μέση. Γεμίστε την παγωμένη πίτσα με φρέσκα μούρα, διακοσμώντας τα σε ομόκεντρους κύκλους. Αλείψτε με ένα απλό σιρόπι τα μούρα για να τους δώσετε λάμψη.

f) Σερβίρουμε αμέσως ή επιστρέφουμε στο ψυγείο μέχρι να το σερβίρουμε.

31. Γεμιστές γλυκοπατάτες

Κάνει: 1

ΣΥΣΤΑΤΙΚΑ:
- 1 φλιτζάνι νερό
- 1 γλυκοπατάτα
- 1 κουταλιά της σούπας καθαρό σιρόπι σφενδάμου
- 1 κουταλιά της σούπας βούτυρο αμυγδάλου
- 1 κουταλιά της σούπας πεκάν ψιλοκομμένα
- 2 κουταλιές της σούπας βατόμουρα
- 1 κουταλάκι του γλυκού σπόροι chia
- 1 κουταλάκι του γλυκού πάστα κάρυ

ΟΔΗΓΙΕΣ:
a)   Στην κατσαρόλα σας, προσθέστε ένα φλιτζάνι νερό και τη σχάρα του ατμού.
b)   Κλείστε το καπάκι και τοποθετήστε τη γλυκοπατάτα στη σχάρα, φροντίζοντας η βαλβίδα απελευθέρωσης να είναι στη σωστή θέση.
c)   Προθερμάνετε το Instant Pot σε υψηλή πίεση για 15 λεπτά χειροκίνητα. Θα χρειαστούν μερικά λεπτά για να αυξηθεί η πίεση.
d)   Αφού σβήσει το χρονόμετρο, αφήστε την πίεση να πέσει φυσικά για 10 λεπτά. Για να εκφορτώσετε την υπόλοιπη πίεση, γυρίστε τη βαλβίδα απελευθέρωσης.
e)   Μόλις πέσει η βαλβίδα πλωτήρα, αφαιρέστε τη γλυκοπατάτα ανοίγοντας το καπάκι.
f)   Όταν η γλυκοπατάτα κρυώσει αρκετά για να τη χειριστεί, κόψτε τη στη μέση και πολτοποιήστε τη σάρκα με ένα πιρούνι.
g)   Περιχύνουμε με πεκάν, βατόμουρα και σπόρους chia και στη συνέχεια περιχύνουμε με σιρόπι σφενδάμου και βούτυρο αμυγδάλου.

32. Κόπες βατόμουρου-λεμονιού

Κάνει: 6

ΣΥΣΤΑΤΙΚΑ:
- 2 φλιτζάνια αλεύρι για όλες τις χρήσεις
- 1 κουταλιά της σούπας μπέικιν πάουντερ
- 2 κουταλάκια του γλυκού ζάχαρη
- 1 κουταλάκι του γλυκού αλάτι kosher
- 2 ουγγιές εξευγενισμένο λάδι καρύδας
- 1 φλιτζάνι φρέσκα βατόμουρα
- ¼ ουγγιάς ξύσμα λεμονιού
- 8 ουγγιές γάλα καρύδας

ΟΔΗΓΙΕΣ:
a) Ανακατέψτε το λάδι καρύδας με το αλάτι, τη ζάχαρη, το μπέικιν πάουντερ και το αλεύρι σε έναν επεξεργαστή τροφίμων.

b) Μεταφέρετε αυτό το μείγμα αλευριού σε ένα μπολ ανάμειξης.

c) Τώρα προσθέστε το γάλα καρύδας και το ξύσμα λεμονιού στο μείγμα του αλευριού και ανακατέψτε καλά.

d) Διπλώνουμε τα βατόμουρα και ανακατεύουμε καλά την έτοιμη ζύμη μέχρι να ομογενοποιηθεί.

e) Απλώστε αυτή τη ζύμη βατόμουρου σε ένα γύρο 7 ιντσών και τοποθετήστε τη σε ένα ταψί.

f) Βάλτε τη ζύμη με βατόμουρα στο ψυγείο για 15 λεπτά και στη συνέχεια κόψτε την σε 6 φέτες.

g) Στρώνουμε το Sear Plate με ένα φύλλο περγαμηνής.

h) Τοποθετήστε τις σφήνες βατόμουρου στην επενδεδυμένη πλάκα Sear.

i) Μεταφέρετε τα scones στο Air Fryer Oven και κλείστε την πόρτα.

j) Επιλέξτε τη λειτουργία «Ψήσιμο» περιστρέφοντας τον επιλογέα.

k) Πατήστε το κουμπί TIME/SLICES και αλλάξτε την τιμή σε 25 λεπτά.

l) Πατήστε το κουμπί TEMP/SHADE και αλλάξτε την τιμή σε 400 °F.

m) Πατήστε Start/Stop για να ξεκινήσει το μαγείρεμα.

n) Σερβίρετε φρέσκο.

33. Μάφιν βατόμουρου

Κάνει: 6

ΣΥΣΤΑΤΙΚΑ:
- 1 αυγό, χτυπημένο
- 1 ώριμη μπανάνα, ξεφλουδισμένη και πολτοποιημένη
- 1 ¼ φλιτζάνι αλεύρι αμυγδάλου
- 2 κουταλιές της σούπας κρυσταλλική ζάχαρη
- ½ κουταλάκι του γλυκού μπέικιν πάουντερ
- 1 κουταλιά της σούπας λάδι καρύδας, λιωμένο
- ⅛ φλιτζάνι σιρόπι σφενδάμου
- 1 κουταλάκι του γλυκού μηλόξυδο
- 1 κουταλάκι του γλυκού εκχύλισμα βανίλιας
- 1 κουταλάκι του γλυκού ξύσμα λεμονιού, τριμμένο
- Πρέζα αλεσμένη κανέλα
- ½ φλιτζάνι φρέσκα βατόμουρα

ΟΔΗΓΙΕΣ:

a) Σε ένα μεγάλο μπολ, προσθέστε όλα τα υλικά εκτός από τα βατόμουρα και ανακατέψτε μέχρι να ομογενοποιηθούν.

b) Διπλώστε απαλά τα βατόμουρα.

c) Λαδώνουμε ένα ταψί για μάφιν 6 φλ.

d) Τοποθετήστε το μείγμα σε έτοιμες κούπες για muffin περίπου γεμάτα ¾.

e) Πατήστε το κουμπί AIR OVEN MODE του Air Fryer Oven και γυρίστε τον επιλογέα για να επιλέξετε τη λειτουργία «Ψήσιμο».

f) Πατήστε το κουμπί TIME/SLICES και γυρίστε ξανά τον επιλογέα για να ρυθμίσετε το χρόνο μαγειρέματος στα 12 λεπτά.

g) Τώρα πιέστε το κουμπί TEMP/SHADE και περιστρέψτε τον επιλογέα για να ρυθμίσετε τη θερμοκρασία στους 375 °F.

h) Πατήστε το κουμπί "Έναρξη/Διακοπή" για να ξεκινήσετε.

i) Όταν η μονάδα ηχήσει για να δείξει ότι έχει προθερμανθεί, ανοίξτε την πόρτα του φούρνου.

j) Τοποθετήστε το ταψί για μάφιν πάνω από τη σχάρα και τοποθετήστε το στο φούρνο.

k) Όταν ολοκληρωθεί ο χρόνος μαγειρέματος, ανοίξτε την πόρτα του φούρνου και τοποθετήστε τις φόρμες για μάφιν σε μια σχάρα για να κρυώσουν για περίπου 10 λεπτά.

l) Αναποδογυρίστε προσεκτικά τα μάφιν στη σχάρα για να κρυώσουν εντελώς πριν τα σερβίρετε.

34.   Μπόμπες λίπους βακκίνιων

Κάνει: 6

ΣΥΣΤΑΤΙΚΑ:
- 5 κουταλιές της σούπας βούτυρο
- 3 κουταλιές της σούπας λάδι καρύδας
- 2 κουταλιές της σούπας σιρόπι βατόμουρου χωρίς ζάχαρη
- 2 κουταλιές της σούπας κακάο σε σκόνη

ΟΔΗΓΙΕΣ:
a) Βράζετε όλα τα υλικά σε μια κατσαρόλα σε χαμηλή φωτιά, ανακατεύοντας συνεχώς, μέχρι να ομογενοποιηθούν όλα σωστά. Ρίξτε το μείγμα σε φορμάκια σιλικόνης και βάλτε το στην κατάψυξη για τουλάχιστον 3 ώρες.
b) Σερβίρισμα.

35. Εύκολες βόμβες λίπους με βατόμουρο Choco

Κάνει: 12

ΣΥΣΤΑΤΙΚΑ:
- 5 κουταλιές της σούπας. βούτυρο
- 3 κουταλιές της σούπας. λάδι καρύδας
- 2 κουταλιές της σούπας. σιρόπι βατόμουρου χωρίς ζάχαρη
- 2 κουταλιές της σούπας. κακάο σε σκόνη

ΟΔΗΓΙΕΣ:
a) Βράζετε όλα τα υλικά σε μια κατσαρόλα σε χαμηλή φωτιά μέχρι να ανακατευτούν όλα σωστά.

b) Αδειάζουμε το μείγμα σε φόρμα σιλικόνης και το βάζουμε στην κατάψυξη για τουλάχιστον 3 ώρες.

36. <u>Blueberry Pierogi</u>

Κάνει: 48-50

ΣΥΣΤΑΤΙΚΑ:
ΓΙΑ ΤΗ ΖΥΜΗ
- 2 φλιτζάνια (500 g) αλεύρι για όλες τις χρήσεις
- 1 φλιτζάνι ζεστό φυτικό γάλα
- 1 κουταλάκι του γλυκού αλάτι

ΓΙΑ ΤΗ ΓΕΜΙΣΗ ΜΟΥΤΟΥΡΟΥ
- 2 φλιτζάνια βατόμουρα / μύρτιλλα
- 1 κουταλιά της σούπας αλεύρι για όλες τις χρήσεις

ΕΠΙΚΑΛΥΨΗ
- ζαχαρούχο κρέμα, 12% ή 18%
- μια πρέζα άχνη / ζάχαρη άχνη, για να πασπαλίσουμε

ΟΔΗΓΙΕΣ:
ΓΙΑ ΤΗ ΖΥΜΗ
a) Κοσκινίζουμε το αλεύρι και ανοίγουμε μια τρύπα στο κέντρο του θόλου από αλεύρι. Ρίξτε λίγη ποσότητα ζεστού φυτικού γάλακτος στο μείγμα και ανακατέψτε το. Ζυμώστε γρήγορα, προσθέτοντας φυτικό γάλα όσο χρειάζεται για να έχετε μια απαλή, ελαστική ζύμη.
b) Χωρίζουμε τη ζύμη σε πολλά κομμάτια. Σε έναν αλευρωμένο πάγκο ανοίγουμε το πρώτο μέρος της ζύμης.
c) Ανοίγουμε τη ζύμη με τον πλάστη σε ένα λεπτό φύλλο. Χρησιμοποιήστε ένα ποτήρι ή έναν κυκλικό κόπτη για να κόψετε τη ζύμη.

ΓΙΑ ΤΗ ΓΕΜΙΣΗ ΜΟΥΤΟΥΡΟΥ
d) Ξεπλύνετε τα φρέσκα βατόμουρα κάτω από δροσερό τρεχούμενο νερό.
e) Αφαιρέστε τα κατεψυγμένα μούρα από την κατάψυξη λίγο πριν φτιάξετε το pierogi (τα ζυμαρικά συναρμολογούνται ευκολότερα με κατεψυγμένα φρούτα)
f) Στεγνώστε σε απορροφητικό χαρτί, απλώστε σε ένα δίσκο και πασπαλίστε με 1 κουταλιά της σούπας αλεύρι.

g) Στο κέντρο κάθε κύκλου ζύμης, τοποθετήστε ένα κουταλάκι του γλυκού βατόμουρα. Διπλώνουμε τη ζύμη πάνω από τη γέμιση και σφίγγουμε τις άκρες μεταξύ τους. Συνεχίζουμε μέχρι να φύγουν η ζύμη και τα βατόμουρα.

ΤΕΛΕΙΩΝΩ

h) Σε μια κατσαρόλα βάζουμε αλατισμένο νερό να βράσει. Μειώστε τη φωτιά σε χαμηλό επίπεδο και κρατήστε τη εκεί.

i) Προσθέστε τα ζυμαρικά και μαγειρέψτε για 5-6 λεπτά ή μέχρι να επιπλέουν.

j) Ετοιμάστε στο μεταξύ λίγη ζαχαρούχα κρέμα. Βάζουμε λίγη κρέμα σε μια λεκάνη, προσθέτουμε λίγη ζάχαρη άχνη/άχνη και ανακατεύουμε όλα μαζί. Πάρτε μια μπουκιά και δείτε αν είναι αρκετά γλυκό. Εάν δεν είναι αρκετά γλυκό, προσθέστε περισσότερη ζάχαρη και δοκιμάστε ξανά.

k) Με τρυπητή κουτάλα βγάζουμε τα πιερόγκι από την κατσαρόλα. Σερβίρουμε σε πιάτα με μια κουκλίτσα ζαχαρούχο κρέμα από πάνω.

37. Μπισκότα βατόμουρου και κρέμας

Φτιάχνει: 12 έως 17 μπισκότα

ΣΥΣΤΑΤΙΚΑ:
- 225 γρ βούτυρο, σε θερμοκρασία δωματίου [16 κουταλιές της σούπας (2 ξυλάκια)]
- 150 g κρυσταλλική ζάχαρη [¾ φλιτζάνι]
- 150 g ανοιχτή καστανή ζάχαρη [¼ φλιτζάνι σφιχτά συσκευασμένη]
- 100 g γλυκόζη [¼ φλιτζάνι]
- 2 αυγα
- 320 γρ αλεύρι [2 φλιτζάνια]
- 2 g μπέικιν πάουντερ [½ κουταλάκι του γλυκού]
- 1,5 g μαγειρική σόδα [¼ κουταλάκι του γλυκού]
- 6 g αλάτι kosher [1½ κουταλάκι του γλυκού]
- ½ μερίδα ψίχα γάλακτος
- 130 g αποξηραμένα βατόμουρα [¾ φλιτζάνι]

ΟΔΗΓΙΕΣ:
a) Συνδυάστε το βούτυρο, τα σάκχαρα και τη γλυκόζη στο μπολ ενός μίξερ με το εξάρτημα κουπιών και την κρέμα σε μέτρια προς υψηλή θερμοκρασία για 2 έως 3 λεπτά. Ξύστε τις πλευρές του μπολ, προσθέστε τα αυγά και χτυπήστε για 7 με 8 λεπτά.

b) Χαμηλώνουμε την ταχύτητα του μίξερ στο χαμηλό και προσθέτουμε το αλεύρι, το μπέικιν πάουντερ, τη σόδα και το αλάτι. Ανακατεύουμε μέχρι να ενωθεί η ζύμη, όχι περισσότερο από 1 λεπτό. (Μην απομακρυνθείτε από το μηχάνημα κατά τη διάρκεια αυτού του βήματος, διαφορετικά κινδυνεύετε να ανακατέψετε υπερβολικά τη ζύμη.) Ξύστε τις πλευρές του μπολ με μια σπάτουλα.

c) Ακόμα σε χαμηλή ταχύτητα, προσθέστε τα τρίμματα γάλακτος και ανακατέψτε μέχρι να ενσωματωθούν, όχι περισσότερο από 30 δευτερόλεπτα. Κυνηγήστε τα τρίμματα γάλακτος με τα αποξηραμένα βατόμουρα, ανακατεύοντάς τα για 30 δευτερόλεπτα.

d) Χρησιμοποιώντας μια μεζούρα παγωτού 2¾ ουγγιάς (ή 1 κούπας), μοιράστε τη ζύμη σε ένα ταψί με φύλλο περγαμηνής.

Τεντώστε τις κορυφές των θόλων της ζύμης μπισκότων επίπεδη. Τυλίξτε το ταψί σφιχτά σε πλαστική μεμβράνη και βάλτε το στο ψυγείο για τουλάχιστον 1 ώρα ή έως και 1 εβδομάδα. Μην ψήνετε τα μπισκότα σας σε θερμοκρασία δωματίου - δεν θα ψηθούν σωστά.

e) Ζεσταίνουμε το φούρνο στους 350°F.

f) Τοποθετήστε την παγωμένη ζύμη σε ελάχιστη απόσταση 4 ιντσών μεταξύ τους σε ταψιά λαμαρίνας με επένδυση περγαμηνής ή Silpat. Ψήνουμε για 18 λεπτά. Τα μπισκότα θα φουσκώσουν, θα ραγίσουν και θα απλωθούν. Μετά από 18 λεπτά, θα πρέπει να ροδίσουν πολύ ελαφρά στις άκρες, αλλά να είναι έντονο κίτρινο στο κέντρο. δώστε τους ένα επιπλέον λεπτό περίπου αν δεν είναι έτσι.

g) Ψύξτε τα μπισκότα εντελώς στις λαμαρίνες πριν τα μεταφέρετε σε πιατέλα ή σε αεροστεγές δοχείο για αποθήκευση. Σε θερμοκρασία δωματίου, τα μπισκότα θα διατηρηθούν φρέσκα για 5 ημέρες. στην κατάψυξη, διατηρούνται για 1 μήνα.

38. Τηγανίτες βατόμουρου/καλαμποκιού

Κάνει: 6 Μερίδες

ΣΥΣΤΑΤΙΚΑ:
- ⅔ φλιτζάνι Αλεύρι
- ⅓ φλιτζάνι άμυλο καλαμποκιού
- 2 κουταλιές της σούπας Ζάχαρη
- 1 κουταλάκι του γλυκού Μπέικιν πάουντερ
- ½ κουταλάκι του γλυκού Αλάτι
- ¼ κουταλιά της σούπας μοσχοκάρυδο, αλεσμένο
- ⅓ φλιτζάνι γάλα
- 2 Αυγό, σε διασταση
- Φυτικό λάδι
- 1 ½ φλιτζάνι βατόμουρα
- Ζάχαρη ζαχαροπλαστικής και μέλι

ΟΔΗΓΙΕΣ:
a) Σε ένα μεσαίο μπολ, ανακατεύουμε μαζί το αλεύρι, το καλαμποκάλευρο, τη ζάχαρη, το μπέικιν πάουντερ, το αλάτι και το μοσχοκάρυδο.

b) Σε 2 φλιτζάνια μεζούρα, ανακατέψτε το γάλα, τους κρόκους αυγών και το λάδι. Ρίχνουμε στο μείγμα του αλευριού. Ανακατέψτε καλά. Το κτύπημα θα είναι σκληρό. Ανακατέψτε τα βατόμουρα. Αφήνω στην άκρη.

c) Σε ένα μικρό μπολ με το μίξερ σε υψηλή θερμοκρασία, χτυπήστε τα ασπράδια μέχρι να σχηματιστούν σφιχτές κορυφές. Με λαστιχένια σπάτουλα, διπλώστε απαλά τα μισά χτυπημένα ασπράδια αυγών σε κουρκούτι μέχρι να ομογενοποιηθούν καλά. Στη συνέχεια, διπλώστε τα υπόλοιπα χτυπημένα ασπράδια σε κουρκούτι,

d) Προσθέστε προσεκτικά το κουρκούτι για τηγανίτα με κουταλιές της σούπας, μερικές κάθε φορά, στο καυτό λάδι. Τηγανίζουμε για 3-4 λεπτά, γυρίζοντας μία φορά ή μέχρι να ροδίσουν οι τηγανητές.

39. Μπάρες ψίχουλα βατόμουρου

ΣΥΣΤΑΤΙΚΑ:

- 1 ½ φλιτζάνι ζάχαρη
- 3 φλιτζάνια αλεύρι για όλες τις χρήσεις αλεύκαστο
- 1 κουταλάκι του γλυκού μπέικιν πάουντερ
- ¼ κουταλάκι του γλυκού αλάτι
- ξύσμα από ένα λεμόνι
- 1 μεγάλο αυγό
- 8 ουγγιές κρύο, ανάλατο βούτυρο, κομμένο στα τέσσερα
- 4 κουταλάκια του γλυκού άμυλο καλαμποκιού
- 1 πίντα βατόμουρα

ΟΔΗΓΙΕΣ:

a) Προθερμάνετε το φούρνο στους 375°F και βουτυρώστε ένα ταψί 13 x 9 ιντσών.

b) Σε ένα μεγάλο μπολ ανακατεύουμε 1 φλιτζάνι ζάχαρη με το αλεύρι και το μπέικιν πάουντερ. Προσθέτουμε το αλάτι και το ξύσμα λεμονιού.

c) Στη συνέχεια προσθέτουμε το αυγό και το βούτυρο για να γίνει μια εύθρυπτη ζύμη. Ήταν πολύ δύσκολο να το αναμίξω με το κουτάλι μου (η Ντεμπ συνέστησε ένα πιρούνι — ποιος ξέρει γιατί δεν άκουσα), έγινε πιο δύσκολο επειδή δεν είχα πολύ χώρο για να αυλακώσω στο μπολ μου. Το βούτυρο είναι λίγο πιο εύκολο στη διαχείριση αν μαλακώσει ελαφρώς, αν και η ζύμη γίνεται λίγο αυτοκόλλητο με αυτόν τον τρόπο.

d) Πιέστε τη μισή ζύμη σε ομοιόμορφη στρώση στα ταψιά.

e) Σε ένα ξεχωριστό μπολ, ανακατέψτε το υπόλοιπο ½ φλιτζάνι ζάχαρη, το καλαμποκάλευρο και το χυμό ενός λεμονιού.

f) Διπλώστε τα βατόμουρα στο μείγμα καλαμποκιού. (Η Deb είπε στην ανάρτησή της ότι τα κατεψυγμένα βατόμουρα λειτουργούν εξίσου καλά.)

g) Απλώστε τα καλυμμένα με άμυλο καλαμποκιού μύρτιλλα σε ομοιόμορφη στρώση στο ταψί.

h) Τρίβουμε την υπόλοιπη ζύμη πάνω από τα μύρτιλα.

i) Τα ψήνουμε για 45 λεπτά, μέχρι να ροδίσει η κορυφή. Αφήστε το crumble να κρυώσει εντελώς πριν το κόψετε σε κομμάτια.

40.   Cupcakes με βουτυρόγαλα λεμόνι & μύρτιλλο

ΣΥΣΤΑΤΙΚΑ:

- 1⅓ φλιτζάνια απλό μείγμα αλευριού χωρίς γλουτένη
- 2 κουταλιές της σούπας Αλεσμένα Αμύγδαλα
- ⅔ Φλιτζάνι Ζάχαρη
- 1 ½ κουταλάκι του γλυκού Baking Powder χωρίς γλουτένη
- ⅛ κουταλάκι του γλυκού διττανθρακικό σόδα
- ½ κουταλάκι του γλυκού Xanthan Gum
- 4 κουταλιές της σούπας βουτυρένιο άλειμμα ηλίανθου
- 1 Αυγό Ελευθέρας Βοσκής
- ½ φλιτζάνι βουτυρόγαλα
- ½ φλιτζάνι ημι-αποβουτυρωμένο (2% με μειωμένα λιπαρά) γάλα
- 1 λεμόνι, ξύσμα και χυμό, χωρισμένα
- ¾ Φλιτζάνι φρέσκα ή αποψυγμένα, κατεψυγμένα βατόμουρα
- ⅛ κουταλάκι του γλυκού θαλασσινό αλάτι
- 1 Φλιτζάνι Ζάχαρη άχνη

ΟΔΗΓΙΕΣ:

a) Προθερμάνετε το φούρνο στους 350 F. Στρώστε 2 φόρμες για μάφιν με 12 περιτυλίγματα για cupcakes.

b) Σε μια μικρή κατσαρόλα λιώνουμε το άλειμμα βουτύρου και αφήνουμε να κρυώσει ελαφρά. Σε μια κανάτα χτυπάμε το αυγό, το βουτυρόγαλα, το γάλα, το ψιλοτριμμένο ξύσμα από το λεμόνι και το λιωμένο άλειμμα.

c) Εάν χρησιμοποιείτε αποψυγμένα κατεψυγμένα βατόμουρα, στεγνώστε τα καλά σε χαρτί κουζίνας.

d) Αφήνουμε στην άκρη 12 για να διακοσμήσουμε τα τελειωμένα κέικ και μετά βάζουμε τα υπόλοιπα σε ένα μικρό μπολ και τα ρίχνουμε με 1 κουταλιά της σούπας αλεύρι.

e) Σε ένα μίξερ τροφίμων ή χειρός ανακατεύουμε το αλεύρι, τα αλεσμένα αμύγδαλα, τη ζάχαρη, το μπέικιν πάουντερ, τη σόδα, το κόμμι ξανθάνης και το αλάτι.

f) Κάνουμε μια λακκούβα στο κέντρο του ξηρού μείγματος και ρίχνουμε μέσα το μείγμα βουτυρόγαλου/αυγού. Ανακατεύουμε σε χαμηλή ταχύτητα μέχρι να ομογενοποιηθούν καλά.

g) Προσθέστε τα βατόμουρα και ανακατέψτε ξανά σε χαμηλή ταχύτητα μέχρι να ενωθούν. Ρίχνετε το κουρκούτι σε έτοιμα περιτυλίγματα για κέικ.

h) Ψήστε για 15-20 λεπτά ή μέχρι να ξαναβρεθούν τα cupcakes όταν τα ακουμπήσετε ελαφρά στο κέντρο.

i) Βγάζετε από το φούρνο και μεταφέρετε να κρυώσει πάνω σε συρμάτινες σχάρες.

j) Χυμό το λεμόνι. Βάλτε τη ζάχαρη άχνη (άχνη) σε μια κανάτα και προσθέστε αρκετό χυμό λεμονιού για να χαλαρώσει σε παχύρρευστη υφή σαν κρέμα.

k) Χρησιμοποιήστε ένα κουταλάκι του γλυκού για να απλώσετε τα cupcakes και να διακοσμήσετε με τα κρατημένα βατόμουρα.

41. Σνακ φρούτων με βρύα θάλασσας

Κάνει: 12 μερίδες

ΣΥΣΤΑΤΙΚΑ:
- 4 φλιτζάνια φρέσκα βατόμουρα
- 2 κουταλιές της σούπας σπόροι chia, αλεσμένοι
- 1 κουταλάκι του γλυκού κανέλα
- 1 κουταλάκι του γλυκού πάστα χουρμά
- 1 κουταλάκι του γλυκού χυμό λεμονιού
- 1 κουταλιά της σούπας εκχύλισμα βανίλιας
- ½ φλιτζάνι Sea Moss gel

ΟΔΗΓΙΕΣ:
a) Σε ένα μύλο μπαχαρικών, αλέστε τους σπόρους chia σε σκόνη.
b) Σε ένα μπλέντερ υψηλής ισχύος, ανακατεύουμε όλα τα υλικά μέχρι να ομογενοποιηθούν. Αφήνουμε στην άκρη για 10 λεπτά για να πήξουν οι σπόροι chia ο πουρές.
c) Απλώστε το μείγμα πολύ αραιά για τον αφυγραντήρα ή σε πολύ χαμηλό φούρνο και στεγνώστε για περίπου 16 ώρες, αναποδογυρίζοντας το περιτύλιγμα μέχρι τη μέση.
d) Κόβουμε σύμφωνα με τις προτιμήσεις σας, τυλίγοντας με κερωμένο χαρτί όπως φαίνεται.

ΚΥΡΙΟ ΠΙΑΤΟ

42.   Σούπα φράουλας/βατόμουρου

Κάνει: 4

ΣΥΣΤΑΤΙΚΑ:
- 1 κιλό φρέσκες φράουλες ή βατόμουρα, καθαρισμένες καλά
- 1 ¼ φλιτζάνι νερό
- 3 κουταλιές της σούπας vegan κοκκοποιημένο γλυκαντικό
- 1 κουταλιά της σούπας φρέσκο χυμό λεμονιού
- ½ φλιτζάνι κρέμα καφέ σόγιας ή ρυζιού
- Προαιρετικά: 2 φλιτζάνια μαγειρεμένα, κρύα noodles

ΟΔΗΓΙΕΣ:
a) Σε μια μέτρια κατσαρόλα, ανακατεύουμε τα φρούτα με το νερό και ζεσταίνουμε μέχρι να βράσουν γρήγορα.

b) Χαμηλώνουμε τη φωτιά, σκεπάζουμε και μαγειρεύουμε για 20 λεπτά ή μέχρι τα φρούτα να είναι πολύ μαλακά.

c) Ανακατεύουμε στο μπλέντερ μέχρι να ομογενοποιηθούν. Επιστρέψτε τον πουρέ στην κατσαρόλα και ανακατέψτε τη ζάχαρη, το χυμό λεμονιού και την κρέμα. Αφήνουμε για 5 λεπτά να σιγοβράσουν μετά το ανακάτεμα.

d) Πριν τη σερβίρετε, κρυώνετε τη σούπα για τουλάχιστον 2 ώρες. Αυτή η σούπα σερβίρεται παραδοσιακά μόνη της ή με κρύα noodles.

43. <u>Ριζότο βατόμουρου με μπολέτο</u>

Κάνει: 4 μερίδες

ΣΥΣΤΑΤΙΚΑ:
- 8¾ ουγκιά Φρέσκο boletus, κομμένο σε φέτες
- 1 μικρό κρεμμύδι? ψιλοκομμένο
- ¾ ουγγιάς Βούτυρο
- 5 ουγγιές ρύζι ριζότο? άξεστος
- 5½ ουγγιά βατόμουρα
- ¼ φλιτζάνι λευκό κρασί? ξηρός
- 1¾ φλιτζάνι Bouillon
- ¼ φλιτζάνι ελαιόλαδο
- 1 κλωνάρι θυμάρι
- 1 σκελίδα σκόρδο? πουρές
- 2 ουγγιές Βούτυρο

ΟΔΗΓΙΕΣ:
a) Σε μια κατσαρόλα ζεσταίνουμε το βούτυρο και σοτάρουμε το κρεμμύδι. Προσθέτουμε το ρύζι και τα βατόμουρα, σοτάρουμε για λίγο.

b) Βρέξτε με κρασί, μαγειρέψτε μέχρι να απορροφηθεί. βρέχουμε με το μπουγιόν και μαγειρεύουμε μέχρι να μαλακώσουν.

c) Ανακατεύουμε συνεχώς, αν χρειαστεί προσθέτουμε λίγο μπουόνι. Αλατοπιπερώνουμε.

d) Σε ένα τηγάνι ζεσταίνουμε το λάδι, σοτάρουμε τα μανιτάρια, το σκόρδο και το θυμάρι. Ανακατεύουμε το βούτυρο στο ριζότο.

e) Μεταφέρουμε σε ζεστά πιάτα και διακοσμούμε με μανιτάρια.

44. Αγριογούρουνο στιφάδο με βατόμουρα

ΣΥΣΤΑΤΙΚΑ:
- 1 κιλό αγριογούρουνο (κομμένο σε κύβους, ώμο ή μπούτι)
- 1 ½ κουταλιά της σούπας φυτικό λάδι
- 1 κρεμμύδι (ψιλοκομμένο)
- 2 καρότα
- 1 πορτοκάλι (βιολογικό)
- 1 σκελίδα σκόρδο
- 1 γαρύφαλλο
- 1 ξυλάκι κανέλας
- 4 μούρα αρκεύθου
- 2 πρέζες μοσχοκάρυδο
- 2 φύλλα δάφνης
- 2 κουταλιές της σούπας κονιάκ
- κόκκινο κρασί (1 λίτρο)
- 4 κουταλιές της σούπας ζωμός βοείου κρέατος
- 2 κουταλιές της σούπας μαρμελάδα βατόμουρο
- 200 γραμμάρια φρέσκα βατόμουρα
- 2 κουταλιές της σούπας αλεύρι (προαιρετικά)
- ζωμό κοτόπουλου

ΟΔΗΓΙΕΣ:
a) Ροδίζουμε το κρέας σε κύβους σε ένα τηγάνι με το λάδι, στη συνέχεια αφαιρούμε το κρέας και το αφήνουμε στην άκρη.

b) Στο ίδιο τηγάνι σοτάρουμε τα κρεμμύδια (σε λεπτές φέτες) και τα καρότα.

c) Προσθέστε το ξύσμα πορτοκαλιού, το ψιλοκομμένο σκόρδο, τις σκελίδες, το ξύλο κανέλας και τα μούρα αρκεύθου, μετά αλατοπιπερώστε, πασπαλίστε με μοσχοκάρυδο και προσθέστε το μπουκέτο garni.

d) Επιστρέψτε το κρέας στην κατσαρόλα και προσθέστε το κονιάκ, αν θέλετε φλαμπάρετε.

45.   Πίτσα με πατάτα, κρεμμύδι και τσάτνεϊ

ΣΥΣΤΑΤΙΚΑ:
- Αλεύρι για όλες τις χρήσεις για να ξεσκονίσετε τη φλούδα της πίτσας
- 1 σπιτική ζύμη
- 12 ουγγιές βραστές πατάτες, όπως οι Ιρλανδοί τσαγκάρηδες, καθαρισμένες
- 6 κουταλιές της σούπας τσάτνεϊ μύρτιλλου
- τσάτνεϊ
- 6 ουγγιές Monterey Jack, τριμμένο
- 3 κουταλιές της σούπας ψιλοκομμένα φύλλα άνηθου
- 1 μεγάλο γλυκό κρεμμύδι, όπως ένα Vidalia

ΟΔΗΓΙΕΣ:
a) Φρέσκια ζύμη σε μια πέτρα πίτσας. Πασπαλίζουμε ελαφρά τη φλούδα της πίτσας με αλεύρι. Προσθέστε τη ζύμη και σχηματίστε έναν μεγάλο κύκλο σκαλώνοντάς την με τα δάχτυλά σας. Σηκώστε το, κρατήστε την άκρη του και περιστρέψτε το αργά, τεντώνοντάς το όλη την ώρα, μέχρι να έχει διάμετρο περίπου 14 ίντσες. Βάλτε τη ζύμη με την αλευρωμένη πλευρά προς τα κάτω στη φλούδα.
b) Φρέσκια ζύμη σε δίσκο πίτσας. Λαδώνουμε το ταψί ή το ταψί με αντικολλητικό σπρέι. Τοποθετήστε τη ζύμη στο κέντρο είτε με τις άκρες των δακτύλων σας, μέχρι να γίνει ένας παχύς, πεπλατυσμένος κύκλος — στη συνέχεια τραβήξτε και πιέστε τη ζύμη μέχρι να σχηματιστεί ένας κύκλος 14 ιντσών στο δίσκο ή ένα ακανόνιστο ορθογώνιο 12 × 7 ιντσών στο ταψί.
c) Ψημένη κρούστα. Τοποθετήστε το σε μια φλούδα πίτσας εάν χρησιμοποιείτε μια πέτρα πίτσας - ή τοποθετήστε την ψημένη κρούστα σε ένα δίσκο πίτσας. Όσο ζεσταίνεται ο φούρνος ή η σχάρα, βράστε περίπου 1 ίντσα νερό σε μια μεγάλη κατσαρόλα εφοδιασμένη με ατμομάγειρα λαχανικών. Προσθέστε τις πατάτες, σκεπάστε, μειώστε τη φωτιά σε μέτρια και βράστε στον ατμό μέχρι να μαλακώσουν όταν τις τρυπήσετε με ένα πιρούνι, περίπου 10 λεπτά. Μεταφέρετε σε ένα σουρωτήρι που έχει τοποθετηθεί στον νεροχύτη και ψύξτε για 5 λεπτά, στη συνέχεια κόψτε σε πολύ λεπτούς κύκλους.

d) Απλώστε το τσάτνεϊ ομοιόμορφα πάνω από την έτοιμη κρούστα, αφήνοντας περίπου ένα περίγραμμα 1⁄2 ίντσας στην άκρη. Γεμίστε ομοιόμορφα με το τριμμένο τζακ Monterey. Τοποθετήστε τις φέτες πατάτας ομοιόμορφα και διακοσμητικά πάνω από την πίτα και μετά πασπαλίστε με τον άνηθο. Κόβουμε το κρεμμύδι στη μέση μέσα από το στέλεχος του. Τοποθετήστε το με την κομμένη πλευρά προς τα κάτω στο ξύλο κοπής σας και χρησιμοποιήστε ένα πολύ κοφτερό μαχαίρι για να κάνετε λεπτές φέτες χαρτιού. Χωρίστε αυτές τις φέτες στις ατομικές τους λωρίδες και απλώστε τις πάνω από την πίτα.

e) Σύρετε την πίτα από τη φλούδα μέχρι την πολύ καυτή πέτρα, φροντίζοντας να κρατήσετε τα πάνω-πινγκ στη θέση τους ή τοποθετήστε την πίτα στο ταψί ή το ταψί της είτε στο φούρνο είτε στο τμήμα της σχάρας της σχάρας που δεν είναι ακριβώς πάνω από τη φωτιά πηγή.

f) Ψήνετε ή ψήνετε με κλειστό καπάκι μέχρι να ροδίσει ελαφρά η κρούστα στην άκρη της, ακόμα πιο σκούρο στην κάτω πλευρά της, για 16 με 18 λεπτά. Αν προκύψουν φυσαλίδες αέρα στην άκρη ή στη μέση της φρέσκιας ζύμης, σκάστε τις με ένα πιρούνι για να δημιουργήσετε μια ομοιόμορφη κρούστα.

g) Περάστε ξανά τη φλούδα κάτω από την καυτή πίτα στο κουκούτσι ή μεταφέρετε την πίτα στο ταψί ή το ταψί της σε μια σχάρα. Αφήστε στην άκρη να κρυώσει για 5 λεπτά πριν κόψετε και σερβίρετε.

46. <u>Σαλάτα βατόμουρου, μανταρίνι, καρότα & ρόκα σε βάζο</u>

Κάνει: 2

ΣΥΣΤΑΤΙΚΑ:
- ½ φλιτζάνι βατόμουρα
- 2 μανταρίνια, ξεφλουδισμένα και κομμένα
- ½ φλιτζάνι ζουλιενωμένα καρότα
- 1 φλιτζάνι ρόκα

ΣΑΛΤΣΑ:
- 1 κουταλιά της σούπας ελαιόλαδο
- 1 κουταλιά της σούπας φρέσκο χυμό λεμονιού και πρέζα θαλασσινό αλάτι

ΟΔΗΓΙΕΣ:
a) Βάλτε τα υλικά με αυτή τη σειρά: dressing, καρότα, βατόμουρα, κομμάτια μανταρινιού και ρόκα.

47. <u>Σαλάτα με κοτόπουλο, βατόμουρα & αβοκάντο</u>

Κάνει: 2

ΣΥΣΤΑΤΙΚΑ:
- 1 φλιτζάνι ψητό κοτόπουλο σε κύβους
- ½ φλιτζάνι φράουλες
- ½ φλιτζάνι βατόμουρα
- 1 φλιτζάνι σπανάκι
- ½ αβοκάντο

ΣΑΛΤΣΑ:
- 1 κουταλιά της σούπαςελιάλάδι
- 1 κουταλιά της σούπας φρέσκο χυμό λεμονιού
- πρέζα μαύρο πιπέρι
- πρέζα θαλασσινό αλάτι
- 1 κουταλιά της σούπαςκάνναβισπόρους

ΟΔΗΓΙΕΣ:
α) Βάλτε τα υλικά με αυτή τη σειρά: ντρέσινγκ, κοτόπουλο, φράουλες, βατόμουρα, αβοκάντο και σπανάκι.

48. <u>Σαλάτα με κοτόπουλο, βατόμουρα, ρικότα & φράουλες</u>

Κάνει: 2

ΣΥΣΤΑΤΙΚΑ:
- 1 φλιτζάνι ψητό κοτόπουλο
- ½ φλιτζάνι φράουλες
- 1 φλιτζάνι μαρούλι
- ½ φλιτζάνι βατόμουρα
- ½ φλιτζάνι ρικότα σε φέτες

ΣΑΛΤΣΑ:
- 1 κουταλιά της σούπαςελιάλάδι ήαβοκάντολάδι
- 1 κουταλιά της σούπας φρέσκο χυμό λεμονιού
- πρέζα μαύρο πιπέρι
- πρέζα θαλασσινό αλάτι

ΟΔΗΓΙΕΣ:
α) Ανακατεύουμε όλα τα υλικά εκτός από το μαρούλι και σερβίρουμε στο κρεβάτι του μαρουλιού.

49. <u>Σαλάτα κινόα, αρακά, σπαράγγια & ραπανάκι</u>

Κάνει: 2

ΣΥΣΤΑΤΙΚΑ:
- 1 φλιτζάνι μαγειρεμένοκινόα
- ½ φλιτζάνι ψιλοκομμένο ραπανάκι
- ½ φλιτζάνι βατόμουρα
- 1 φλιτζάνι αρακά αναμεμειγμένο μεchiaσπόρους
- ½ φλιτζάνι σπαράγγια

ΣΑΛΤΣΑ:
- 1 κουταλιά της σούπαςελιάλάδι ή μαύροκύμινολάδι
- 1 κουταλιά της σούπας φρέσκο χυμό λεμονιού
- πρέζα μαύρο πιπέρι
- πρέζα θαλασσινό αλάτι

ΟΔΗΓΙΕΣ:
a) Ανακατεύουμε όλα τα υλικά.

50. **Σαλάτα με κινόα, σπανάκι, βατόμουρα & φράουλες**

Κάνει: 2

ΣΥΣΤΑΤΙΚΑ:
● 1 φλιτζάνι μαγειρεμένοκινόααανακατεύουμε με 1 κουταλιά της σούπας αλεσμένολινάρισπόρους
● ½ φλιτζάνι φράουλες
● ½ φλιτζάνι βατόμουρα
● 1 φλιτζάνι σπανάκι
● ½ καρότο ψιλοκομμένο

ΣΑΛΤΣΑ:
● 1 κουταλιά της σούπαςελιάλάδι
● 1 κουταλιά της σούπας φρέσκο χυμό λεμονιού
● πρέζα μαύρο πιπέρι
● πρέζα θαλασσινό αλάτι
● μια πρέζα σπόρους μαύρου κύμινου

ΟΔΗΓΙΕΣ:
α) Ανακατεύουμε όλα τα υλικά.

51. Σαλάτα με μούρα κινόα

ΣΥΣΤΑΤΙΚΑ:

DRESSING ΜΕ ΜΕΛΙ ΕΠΕΡΙΔΟΤΕΩΝ:

- 1 κουταλάκι του γλυκού ξύσμα πορτοκαλιού
- 4 κουταλιές της σούπας φρέσκο χυμό πορτοκαλιού
- 2 κουταλιές της σούπας φρέσκο χυμό λεμονιού
- 1 κουταλιά της σούπας φρέσκο χυμό λάιμ
- 1 κουταλιά της σούπας μέλι
- 1 κουταλάκι του γλυκού δυόσμο ψιλοκομμένο
- 1 κουταλάκι του γλυκού βασιλικός ψιλοκομμένος

ΣΑΛΑΤΑ:

- 2 φλιτζάνια μαγειρεμένη κόκκινη κινόα
- 1 ½ φλιτζάνι φράουλες κομμένες στη μέση
- 1 φλιτζάνι σμέουρα
- 1 φλιτζάνι βατόμουρα
- 1 φλιτζάνι βατόμουρα
- 1 φλιτζάνι ψιλοκομμένα με μέλι καβουρδισμένα αμύγδαλα κανέλας
- 1 κουταλιά της σούπας δυόσμο ψιλοκομμένο
- 1 κουταλιά της σούπας βασιλικός ψιλοκομμένος

ΟΔΗΓΙΕΣ:

a) **Για το ντύσιμο:**Σε ένα μικρό μπολ, χτυπήστε ελαφρά το ξύσμα πορτοκαλιού, το χυμό πορτοκαλιού, το χυμό λεμονιού, το χυμό λάιμ, το μέλι, τη μέντα και τον βασιλικό. Αφήνω στην άκρη.

b) Σε ένα μεγάλο μπολ, συνδυάστε μαγειρεμένη κινόα, φράουλες, σμέουρα, βατόμουρα, βατόμουρα, αμύγδαλα, μέντα και βασιλικό.

c) Περιχύστε το dressing πάνω από τη σαλάτα και ανακατέψτε ξανά απαλά. Σερβίρισμα.

52. <u>Σαλάτα με κοτόπουλο, βατόμουρα & αβοκάντο</u>

Κάνει: 2

ΣΥΣΤΑΤΙΚΑ:
- 1 φλιτζάνι ψητό κοτόπουλο σε κύβους
- ½ φλιτζάνι φράουλες
- ½ φλιτζάνι βατόμουρα
- 1 φλιτζάνι σπανάκι
- ½ αβοκάντο

ΣΑΛΤΣΑ:
- 1 κουταλιά της σούπαςελιάλάδι
- 1 κουταλιά της σούπας φρέσκο χυμό λεμονιού
- πρέζα μαύρο πιπέρι
- πρέζα θαλασσινό αλάτι
- 1 κουταλιά της σούπαςκάνναβισσπόρους

ΟΔΗΓΙΕΣ:
α)   Βάλτε τα υλικά με αυτή τη σειρά: ντρέσινγκ, κοτόπουλο, φράουλες, βατόμουρα, αβοκάντο και σπανάκι.

ΕΠΙΔΟΡΠΙΟ

53. Μύρτιλο & ροδάκινο τραγανό

Κάνει: 8

ΣΥΣΤΑΤΙΚΑ:
● 6 φλιτζάνια φρέσκα ροδάκινα, καθαρισμένα και κομμένα σε φέτες
● 2 φλιτζάνια φρέσκα βατόμουρα
● ⅓ φλιτζάνι συν ¼ φλιτζάνι ανοιχτή καστανή ζάχαρη (διατηρήστε χωριστά)
● 2 κουταλιές της σούπας αλεύρι αμυγδάλου
● 2 κουταλάκια του γλυκού κανέλα, χωρισμένη
● 1 φλιτζάνι βρώμη γρήγορα
● 3 κουταλιές της σούπας μαργαρίνη καλαμποκέλαιο

ΟΔΗΓΙΕΣ:
a) Προθερμαίνουμε το φούρνο στους 350 βαθμούς Φαρενάιτ.
b) Συνδυάστε τα βατόμουρα και τα ροδάκινα σε ένα ταψί.
c) Ανακατέψτε ⅓ φλιτζάνι καστανή ζάχαρη, το αλεύρι και 1 κουταλάκι του γλυκού κανέλα.
d) Ρίξτε τα ροδάκινα και τα βατόμουρα να ενωθούν.
e) Ανακατεύουμε τη βρώμη, την υπόλοιπη καστανή ζάχαρη και την υπόλοιπη κανέλα.
f) Κόβουμε τη μαργαρίνη μέχρι να γίνει εύθρυπτη και μετά πασπαλίζουμε τα φρούτα.
g) Ψήνουμε για 25 λεπτά.

54. Κέικ με λεμόνι βατόμουρου

Κάνει: 4

ΣΥΣΤΑΤΙΚΑ:
ΓΙΑ ΤΗΝ ΤΟΥΡΤΑ:
- ⅔ φλιτζάνι αλεύρι αμυγδάλου
- 5 αυγά
- ⅓ φλιτζάνι γάλα αμυγδάλου, χωρίς ζάχαρη
- ¼ φλιτζάνι ερυθριτόλη
- 2 κουταλάκια του γλυκού εκχύλισμα βανίλιας
- Χυμός από 2 λεμόνια
- 1 κουταλάκι του γλυκού ξύσμα λεμονιού
- ½ κουταλάκι του γλυκού μαγειρική σόδα
- Πρέζα αλάτι
- ½ φλιτζάνι φρέσκα βατόμουρα (½ άπαχα)
- 2 κουταλιές της σούπας βούτυρο, λιωμένο

ΓΙΑ ΤΟ FROSTING:
- ½ φλιτζάνι παχύρρευστη κρέμα
- Χυμό από 1 λεμόνι
- ⅛ φλιτζάνι ερυθριτόλη

ΟΔΗΓΙΕΣ:
a) Προθερμάνετε το φούρνο στους 350 F
b) Σε ένα μπολ προσθέτουμε το αλεύρι αμυγδάλου, τα αυγά και το γάλα αμυγδάλου και ανακατεύουμε καλά μέχρι να ομογενοποιηθούν.
c) Προσθέστε την ερυθριτόλη, μια πρέζα αλάτι, τη μαγειρική σόδα, το ξύσμα λεμονιού, το χυμό λεμονιού και το εκχύλισμα βανίλιας. Ανακατεύουμε και ανακατεύουμε καλά.
d) Διπλώστε τα βατόμουρα.
e) Χρησιμοποιήστε το βούτυρο για να αλείψετε το ταψί με ελατήριο.
f) Ρίχνουμε το κουρκούτι στα λαδωμένα ταψιά. Βάλτε σε ταψί για ομοιόμορφο ψήσιμο. Βάλτε στο φούρνο να ψηθεί μέχρι να ψηθεί στη μέση και να ροδίσει ελαφρώς από πάνω, περίπου 35 με 40 λεπτά.
g) Αφήνουμε να κρυώσει πριν τα βγάλουμε από το τηγάνι. Ανακατέψτε την ερυθριτόλη, το χυμό λεμονιού και την παχύρρευστη κρέμα. Ανακατέψτε καλά.
h) Από πάνω ρίχνουμε frosting. Σερβίρισμα.

55. Κράνμπερι λεβάντας βατόμουρου τραγανό

Κάνει: 6-8

ΣΥΣΤΑΤΙΚΑ:
- 3 φλιτζάνια βατόμουρα
- 1 φλιτζάνι κράνμπερι
- ½ κουταλάκι του γλυκού φρέσκα άνθη λεβάντας
- ¾ φλιτζάνι ζάχαρη
- 1-½ φλιτζάνια θρυμματισμένα κράκερ από πλιγούρι βρώμης
- ½ φλιτζάνι καστανή ζάχαρη
- ½ φλιτζάνι λιωμένο βούτυρο
- ½ φλιτζάνι αμύγδαλα κομμένα σε φέτες

ΟΔΗΓΙΕΣ:
a) Προθερμάνετε το φούρνο στους 350 βαθμούς F.

b) Συνδυάστε βατόμουρα, κράνμπερι, άνθη λεβάντας και ζάχαρη.

c) Ανακατεύουμε καλά και αδειάζουμε σε ταψί 8 x 8 ιντσών.

d) Συνδυάστε θρυμματισμένα κράκερ, καστανή ζάχαρη, λιωμένο βούτυρο και αμύγδαλα κομμένα σε φέτες.

e) Θρυμματίζουμε πάνω από την κορυφή της γέμισης.

f) Ψήνουμε για 20 με 25 λεπτά, μέχρι να αφρίσει η γέμιση.

g) Ψύξτε για τουλάχιστον 15 λεπτά πριν το σερβίρετε.

56. Πίτες χεριών βατόμουρου

Κάνει: 8

ΣΥΣΤΑΤΙΚΑ:
- 1 φλιτζάνι βατόμουρα
- 2 ½ κουταλιές της σούπας ζάχαρη άχνη
- 1 κουταλάκι του γλυκού χυμό λεμονιού
- 1 πρέζα αλάτι
- 320 γρ κρούστα πίτας ψυγείου
- Νερό

ΟΔΗΓΙΕΣ:
a) Συνδυάστε τα βατόμουρα, τη ζάχαρη, το χυμό λεμονιού και το αλάτι σε ένα μέτριο μπολ ανάμειξης.

b) Ανοίγουμε τα pieccrust και κόβουμε 6-8 ξεχωριστούς κύκλους.

c) Στο κέντρο κάθε κύκλου, τοποθετήστε περίπου 1 κουταλιά από τη γέμιση μύρτιλου.

d) Βρέχουμε τις άκρες της ζύμης και τη διπλώνουμε πάνω από τη γέμιση για να δημιουργήσουμε ένα σχήμα μισοφέγγαρου.

e) Σφίξτε απαλά τις άκρες του πιέ κρούστας μαζί με ένα πιρούνι. Στη συνέχεια, πάνω από τις πίτες για τα χέρια, κόβουμε τρεις σχισμές.

f) Ψεκάστε μαγειρικό λάδι πάνω από τις πίτες για τα χέρια.

g) Τοποθετήστε τα στο Sear Plate.

h) Ενεργοποιήστε τον φούρνο Air Fryer Oven και περιστρέψτε το κουμπί για να επιλέξετε «Ψήσιμο».

i) Επιλέξτε το χρονόμετρο για 20 λεπτά και τη θερμοκρασία για 350 °F.

j) Όταν η μονάδα ηχήσει για να υποδηλώσει ότι έχει προθερμανθεί, ανοίξτε την πόρτα του φούρνου και τοποθετήστε το Sear Plate στο φούρνο.

k) Αφήστε να κρυώσει για δύο λεπτά πριν το σερβίρετε.

57. Τάρτα βουτυρογάλακτος βατόμουρου

Κάνει: 1 μερίδα

ΣΥΣΤΑΤΙΚΑ:
ΚΕΛΥΦΟΣ
- 1 ½ φλιτζάνι αλεύρι για όλες τις χρήσεις
- ¼ φλιτζάνι Ζάχαρη
- ¼ κουταλάκι του γλυκού Αλάτι
- ¼ κιλά Κρύο βούτυρο? κομμένα κομμάτια
- 1 μεγάλο αυγό? κτυπήστε με
- 2 κουταλιές της σούπας παγωμένο νερό
- Ακατέργαστο ρύζι; για το ζύγισμα του κελύφους

ΓΕΜΙΣΗ ΒΟΥΤΡΟΓΑΛΑΚΤΟ
- 1 φλιτζάνι Βουτυρόγαλα
- 3 μεγάλοι κρόκοι αυγών
- ½ φλιτζάνι Ζάχαρη
- 1 κουταλιά της σούπας ξύσμα λεμονιού? σχάρα
- 1 κουταλιά της σούπας φρέσκο χυμό λεμονιού
- ½ Κολλήστε ανάλατο βούτυρο. λιώστε, δροσίστε
- 1 κουταλάκι του γλυκού Βανίλια
- ½ κουταλάκι του γλυκού Αλάτι
- 2 κουταλιές της σούπας αλεύρι για όλες τις χρήσεις
- 2 φλιτζάνια βατόμουρα? Επιλέγω
- Αχνη ζάχαρη

ΟΔΗΓΙΕΣ:
ΚΕΛΥΦΟΣ
α) Σε ένα μπολ ανακατεύουμε το αλεύρι, τη ζάχαρη και το αλάτι. Προσθέστε το βούτυρο και ανακατέψτε μέχρι το μείγμα να μοιάζει με χοντρό γεύμα. Προσθέστε το μείγμα των κρόκων, ανακατέψτε μέχρι να ενσωματωθεί το υγρό και σχηματίστε τη ζύμη σε ένα δίσκο. Πασπαλίζουμε τη ζύμη με αλεύρι και κρυώνουμε, τυλιγμένη σε πλαστική μεμβράνη, για 1 ώρα. Ανοίγουμε τη ζύμη πάχους ⅛" σε αλευρωμένη επιφάνεια και την τοποθετούμε σε μια φόρμα για τάρτα 10" με αφαιρούμενο χείλος με αυλάκια.

b) Ψύξτε το κέλυφος για τουλάχιστον 30 λεπτά ή, καλυμμένο, όλη τη νύχτα.

c) Προθερμαίνουμε τον φούρνο στους 350 βαθμούς.

d) Στρώνουμε το κέλυφος με αλουμινόχαρτο και το γεμίζουμε με ρύζι. Ψήνετε το κέλυφος στη μέση του φούρνου για 25 λεπτά.

e) Αφαιρέστε προσεκτικά το αλουμινόχαρτο και το ρύζι και ψήστε το κέλυφος για 5 λεπτά ακόμα, ή μέχρι να ροδίσει. Δροσερό κέλυφος σε τηγάνι σε σχάρα.

ΠΛΗΡΩΣΗ

f) Σε ένα μπλέντερ ή επεξεργαστή ανακατεύουμε τα υλικά της γέμισης μέχρι να ομογενοποιηθούν. Απλώστε ομοιόμορφα τα βατόμουρα στο κάτω μέρος του κελύφους.

g) Ρίξτε γέμιση βουτυρόγαλου πάνω από τα βατόμουρα και ψήστε στη μέση του φούρνου για 30 έως 35 λεπτά ή μέχρι να δέσει.

h) Αφαιρούμε το χείλος του τηγανιού και κρυώνουμε εντελώς την τάρτα στο ταψί στη σχάρα. Κοσκινίστε τη ζάχαρη ζαχαροπλαστικής πάνω από την τάρτα και σερβίρετε σε θερμοκρασία δωματίου ή παγωμένη με παγωτό βατόμουρο.

58. Σουφλέ βρώμης

Κάνει: 4

ΣΥΣΤΑΤΙΚΑ:
- 1 φλιτζάνι πολύ παχύρρευστη τυλιγμένη βρώμη
- 3 φλιτζάνια πλήρες γάλα
- 2 κουταλιές της σούπας ζάχαρη turbinado
- Πρέζα αλάτι kosher
- 3 μεγάλα αυγά χωρισμένα
- 2 φλιτζάνια ανάμεικτα σμέουρα και βατόμουρα
- ½ κουταλάκι του γλυκού ψιλοτριμμένο ξύσμα λεμονιού
- Ζάχαρη ζαχαροπλαστικής, για ξεσκόνισμα
- Αγνό σιρόπι σφενδάμου, για το σερβίρισμα

ΟΔΗΓΙΕΣ:
a) Προθερμαίνουμε το φούρνο στους 350°. Βουτυρώνετε ένα ταψί 2 λίτρων.

b) Σε μια μεγάλη κατσαρόλα, ανακατεύουμε τη βρώμη, το γάλα, τη ζάχαρη τουρμπινάδο και το αλάτι και αφήνουμε να σιγοβράσουν.

c) Μαγειρέψτε σε μέτρια φωτιά, ανακατεύοντας περιστασιακά μέχρι να πήξει σε σύσταση χυλού, περίπου 15 λεπτά. Αποσύρουμε από τη φωτιά? αφήστε να κρυώσει ελαφρώς.

d) Δουλεύοντας γρήγορα, ανακατέψτε τους κρόκους των αυγών στο πλιγούρι βρώμης μέχρι να αναμειχθούν καλά.

e) Διπλώστε 1 φλιτζάνι από τα μούρα και το ξύσμα λεμονιού.

f) Σε ένα μεγάλο μπολ, χρησιμοποιώντας ένα μίξερ χειρός, χτυπήστε τα ασπράδια σε μέτρια ταχύτητα μέχρι να σχηματιστούν μέτρια σφιχτές κορυφές, περίπου 3 λεπτά. Διπλώστε απαλά τα ασπράδια στο πλιγούρι βρώμης μέχρι να ενωθούν.

g) Ξύστε το μείγμα στο έτοιμο ταψί και ψήστε για περίπου 30 λεπτά, μέχρι να ροδίσει και να φουσκώσει.

h) Πασπαλίζουμε με ζάχαρη ζαχαροπλαστικής και σερβίρουμε ζεστό με το υπόλοιπο 1 φλιτζάνι μούρα και σιρόπι σφενδάμου, αν θέλουμε.

59.   Παγωτό βατόμουρου και βανίλιας

Περίπου 6 μερίδες

ΣΥΣΤΑΤΙΚΑ:
- 175 g/6 oz βατόμουρα, ξεπλυμένα και στραγγισμένα
- 40g/1½ ουγκιά άχνη ή κρυσταλλική ζάχαρη
- 284 ml σαντιγί σε χαρτοκιβώτιο, παγωμένη
- 1 κουταλιά της σούπας εκχύλισμα βανίλιας
- 225 g/8 oz έτοιμη κρέμα, παγωμένη

ΟΔΗΓΙΕΣ:
a) Βάζουμε τα βατόμουρα σε μια μικρή κατσαρόλα και πασπαλίζουμε με τη ζάχαρη. Ζεσταίνουμε απαλά, ανακατεύοντας κατά διαστήματα, μέχρι να τρέξουν οι χυμοί από τα βατόμουρα και να βράσουν.

b) Σιγοβράζουμε απαλά για 2-3 λεπτά μέχρι τα φρούτα να είναι πολύ μαλακά.

c) Πιέστε το μείγμα με τα βατόμουρα μέσα από ένα κόσκινο και πετάξτε τους σπόρους. Αφήνουμε τον πουρέ να κρυώσει και μετά βάζουμε στο ψυγείο μέχρι να κρυώσει.

d)

e) Ρίξτε την κρέμα σε μια μεγάλη κανάτα και χτυπήστε με σύρμα μέχρι να πήξει αρκετά ώστε να σχηματιστούν κορδέλες στην επιφάνεια (δεν πρέπει να κάνει κορυφές).

f) Προσθέστε τη βανίλια, την κρέμα και τον πουρέ βατόμουρου.

g) Ρίξτε το μείγμα στην παγωτομηχανή και παγώστε σύμφωνα με τις οδηγίες.

h) Μεταφέρετε σε κατάλληλο δοχείο και καταψύξτε μέχρι να χρειαστεί.

60. Σερμπέτι βατόμουρου

ΣΥΣΤΑΤΙΚΑ:

- 2 πίντες φρέσκα βατόμουρα μαζεμένα αλλά όχι πλυμένα
- 2 ½ φλιτζάνια Ζάχαρη
- Χυμός από 2 λεμόνια
- 1¼ φλιτζάνι κρύο νερό

ΟΔΗΓΙΕΣ:

a) Πολτοποιήστε τα μούρα με ζάχαρη, χυμό λεμονιού και νερό.

b) Ρίξτε στην παγωτομηχανή και παγώστε σύμφωνα με τις οδηγίες-μέχρι να ομογενοποιηθεί και να παγώσει.

c) Για να διατηρήσετε τη γεύση των φρούτων, σερβίρετε την ίδια μέρα.

61. <u>Σορμπέ ανάμεικτα μούρα</u>

ΣΥΣΤΑΤΙΚΑ:

- 3 φλιτζάνια ανάμεικτα μούρα
- 1 φλιτζάνι ζάχαρη
- 2 φλιτζάνια νερό
- Χυμός από 1 λάιμ
- ½ κουταλάκι του γλυκού αλάτι kosher

ΟΔΗΓΙΕΣ:

a) Σε ένα μπολ ανακατεύουμε όλα τα μούρα και τη ζάχαρη. Αφήστε τα μούρα να μουλιάσουν σε θερμοκρασία δωματίου για 1 ώρα, μέχρι να βγάλουν το ζουμί τους.

b) Μεταφέρετε τα μούρα και το χυμό τους σε ένα μπλέντερ ή επεξεργαστή τροφίμων και προσθέστε το νερό, το χυμό λάιμ και το αλάτι. Σφυγμού μέχρι να ενωθούν καλά. Μεταφέρετε σε ένα δοχείο, σκεπάστε και βάλτε το στο ψυγείο μέχρι να κρυώσει, τουλάχιστον 2 ώρες ή μέχρι όλη τη νύχτα.

c) Καταψύξτε και ανακατέψτε σε παγωτομηχανή σύμφωνα με τις οδηγίες του κατασκευαστή. Για απαλή συνοχή, σερβίρετε το σορμπέ αμέσως. για πιο σφιχτή υφή, το μεταφέρουμε σε ένα δοχείο, το σκεπάζουμε και το αφήνουμε στην κατάψυξη να σφίξει για 2 με 3 ώρες.

62. <u>Παγωτό Cheesecake Blueberry</u>

Κάνει: 12 μερίδες

ΣΥΣΤΑΤΙΚΑ:
- 12 ουγκιές τυρί κρέμα, θερμοκρασία δωματίου
- ½ κουταλιές της σούπας αλάτι
- 1 φλιτζάνι γάλα αμυγδάλου χωρίς ζάχαρη, σε θερμοκρασία δωματίου
- ¼ φλιτζάνι μασκαρπόνε, σε θερμοκρασία δωματίου
- 2 κουταλιές της σούπας βανίλια
- 1 κουταλιά της σούπας εκχύλισμα ή χυμό λεμονιού
- ¼ φλιτζάνι κρέμα γάλακτος, θερμοκρασία δωματίου
- 1 φλιτζάνι Swerve γλυκαντικό
- 1 φλιτζάνι βατόμουρα

ΟΔΗΓΙΕΣ
a) Προετοιμάστε και συναρμολογήστε τα υλικά σας. Εάν σας προτείνει το μοντέλο, προκαταψύξτε το μπολ ανάμειξης της παγωτομηχανής για τουλάχιστον 24 ώρες. Το τυρί κρέμα, το μασκαρπόνε, το γάλα αμυγδάλου και η κρέμα γάλακτος πρέπει να είναι όλα σε θερμοκρασία δωματίου.

b) Σε ένα μίξερ με εξάρτημα κουπιών, ανακατεύουμε το τυρί κρέμα μέχρι να ομογενοποιηθεί. Ξύσιμο του μπολ περιοδικά

c) Προσθέτουμε τη ζάχαρη και το αλάτι όσο το μίξερ είναι σε λειτουργία, ανακατεύουμε μέχρι να ενωθούν και να ομογενοποιηθούν τα υλικά. Προσθέστε το μασκαρπόνε, ανακατέψτε μέχρι να ομογενοποιηθεί και το μείγμα να γίνει λείο.

d) Προσθέστε σιγά σιγά το γάλα, τη βανίλια, το λεμόνι και την κρέμα γάλακτος.

e) Ρίξτε το μείγμα σε ένα μπολ και αφήστε το στο ψυγείο για τουλάχιστον 2 ώρες ή όλη τη νύχτα. Πρέπει να κρυώσει καλά.

f) Ψιλοκόψτε τα βατόμουρα σε έναν επεξεργαστή τροφίμων ή ψιλοκόψτε χοντροκομμένα με ένα μαχαίρι. Ένα μείγμα που είναι εν μέρει ογκώδες και εν μέρει λιωμένο είναι τέλειο. Ψύξτε τα βατόμουρα στο ψυγείο για τουλάχιστον 2 ώρες ή όλη τη νύχτα.

g) Ακολουθήστε τις οδηγίες του κατασκευαστή για την παρασκευή παγωτού. Το μοντέλο που χρησιμοποιήσαμε συνοδεύεται από ένα εξάρτημα παγωμένο μπολ που είναι προκαταψυγμένο για 24 ώρες στην κατάψυξη. Δεν χρειάζεται αλάτι και πάγο.

h) Ρυθμίστε την παγωτομηχανή σας σύμφωνα με τις οδηγίες του κατασκευαστή και ενεργοποιήστε την. Ρίξτε το μείγμα στο παγωμένο μπολ της κατάψυξης και ανακατέψτε μέχρι να αρχίσει να πήζει, περίπου 10 με 15 λεπτά.

i) Προσθέστε τα βατόμουρα και συνεχίστε το ανακάτεμα για άλλα 5 με 10 λεπτά μέχρι το παγωτό να αρχίσει να παγώνει και να έχει μια απαλή κρεμώδη υφή. Μεταφέρετε το παγωτό σε αεροστεγές δοχείο και καταψύξτε για λίγα ακόμα μέχρι να αποκτήσει την επιθυμητή συνοχή.

j) Όταν είστε έτοιμοι να το φάτε, αφήστε το παγωτό να μαλακώσει στον πάγκο (αν χρειάζεται), μαζέψτε το και απολαύστε το!

63. <u>Κομπόστα λεμονιού Sous Vide Blueberry</u>

Κάνει: 6

ΣΥΣΤΑΤΙΚΑ:
- 2 φλιτζάνια φρέσκα βατόμουρα
- ½ φλιιζάνι ζάχαρη
- Ξύσμα από 1 λεμόνι
- 2 κουταλιές της σούπας χυμό λεμονιού
- 1 κουταλιά της σούπας βούτυρο

ΟΔΗΓΙΕΣ:
a) Ρυθμίστε το sous vide σας στους 185F/85C.

b) Σε ένα μεγάλο μπολ, συνδυάστε τα βατόμουρα, τη ζάχαρη, το ξύσμα και το χυμό λεμονιού και το βούτυρο. Ανακατέψτε καλά.

c) Αδειάζετε σε σακούλα σφραγισμένη με κενό και βυθίζετε στο υδατόλουτρο για 2 ώρες.

d) Αφαιρέστε τη σακούλα από το λουτρό νερού και ρίξτε τη σε ένα μπολ. Ανακατεύουμε και χρησιμοποιούμε ζεστό ή στο ψυγείο για μελλοντική χρήση.

64. Παρφέ πρωινού με βατόμουρο ρόδι

Κάνει: 1

ΣΥΣΤΑΤΙΚΑ:
- Απλό ελληνικό γιαούρτι χωρίς λιπαρά
- Μέλι
- Βακκίνια
- Σπόροι ροδιού
- Γκρανόλα

ΟΔΗΓΙΕΣ:
a) Περιχύστε λίγο μέλι στο φλιτζάνι ή στο μπολ που θα σερβίρετε τα παρφέ, αν θέλετε να φαίνονται εξωτερικά.
b) Προσθέστε μια κουταλιά γιαούρτι και προσθέστε μερικά βατόμουρα, σπόρους ροδιού και μια κουταλιά γκρανόλα.
c) Προσθέστε άλλη μια κουταλιά γιαούρτι, ρίξτε από πάνω άλλο ένα ψιλόβροχο μέλι και στρώστε περισσότερα μύρτιλα, σπόρους ροδιού και γκρανόλα. Μπορείτε να στρώσετε όσες φορές χρειαστεί για να γεμίσετε το πιάτο σερβιρίσματος.
d) Σερβίρετε αμέσως ή κρατήστε κρύο μέχρι να φάτε.

65. Παγωτό Cherry & Blueberry Amaretto

Φτιάχνει: 4 φλ

ΣΥΣΤΑΤΙΚΑ:
- 2 κουταλιές της σούπας ζάχαρη
- 2 κουταλιές της σούπας Amaretto
- 2 ½ φλιτζάνια φρέσκα κεράσια Bing, χωρίς κουκούτσι
- ½ φλιτζάνι φρέσκα βατόμουρα
- 2 κουταλιές της σούπας άμυλο καλαμποκιού
- 2 φλιτζάνια μισό-μισό, χωρισμένο
- ⅔ φλιτζάνι ζάχαρη
- 1 κουταλιά της σούπας Amaretto
- ¼ κουταλάκι του γλυκού αλάτι

ΟΔΗΓΙΕΣ:
a) Συνδυάστε τη ζάχαρη, το Amaretto, τα κεράσια και τα βατόμουρα σε ένα μεσαίο μπολ. Αφήστε να σταθεί για 30-45 λεπτά, ανακατεύοντας κατά διαστήματα. Προσθέστε τα φρούτα με τους χυμούς σε μια μέτρια κατσαρόλα και μαγειρέψτε σε μέτρια φωτιά, ανακατεύοντας συχνά, μέχρι να μαλακώσουν, περίπου 15 λεπτά. Αφήνουμε τα φρούτα να κρυώσουν ελαφρώς, μετά τα προσθέτουμε σε έναν επεξεργαστή τροφίμων και τα κάνουμε πουρέ μέχρι να ομογενοποιηθούν, αφήνοντας λίγη υφή. Αφήστε στην άκρη ⅓ φλιτζάνι μείγμα φρούτων για να στροβιλιστεί σε παγωτό. επιστρέψτε το υπόλοιπο μείγμα φρούτων στην κατσαρόλα.

b) Χτυπήστε μαζί το άμυλο καλαμποκιού και 3 κουταλιές της σούπας μισή-μισή σε ένα μικρό μπολ. αφήνω στην άκρη. Προσθέστε το υπόλοιπο μισό-μισό, τη ζάχαρη, το Amaretto και το αλάτι σε μια κατσαρόλα με μείγμα φρούτων. αφήνετε να πάρει βράση σε μέτρια προς δυνατή φωτιά ενώ ανακατεύετε συνεχώς. Χτυπάμε το μείγμα καλαμποκιού-αμύλου. Επιστρέψτε σε βράση και μαγειρέψτε για 1 με 2 λεπτά ακόμα, ανακατεύοντας μέχρι να πήξει. Αποσύρουμε από τη φωτιά και κρυώνουμε σε θερμοκρασία δωματίου, στη συνέχεια σκεπάζουμε και αφήνουμε να κρυώσει για 6 ώρες στο ψυγείο.

c) Ρίξτε το παγωμένο μείγμα παγωτού στον παγωμένο κύλινδρο της παγωτομηχανής. καταψύξτε σύμφωνα με τις οδηγίες του κατασκευαστή.

d) Ρίξτε το μισό μείγμα παγωτού σε ένα δοχείο κατάλληλο για κατάψυξη, προσθέστε κούκλες από το μείγμα φρούτων και επαναλάβετε. Στροβιλίστε τις στρώσεις μαζί με ένα ξύλινο σουβλάκι. Παγώνουμε το μείγμα όλη τη νύχτα μέχρι να σφίξει.

66.   Κέικ με καλαμποκάλευρο βατόμουρου

Κατασκευές: 16 Κατασκευές: 2 κέικ 9 ιντσών

ΣΥΣΤΑΤΙΚΑ:

Ζύμη για κέικ:

- 3 φλιτζάνια αλεύρι για όλες τις χρήσεις
- 1 ½ φλιτζάνι καλαμποκάλευρο
- 1 κουταλιά της σούπας μπέικιν πάουντερ
- 1 κουταλάκι του γλυκού αλάτι
- 1 κιλό ανάλατο βούτυρο, μαλακωμένο
- 3 φλιτζάνια λευκή ζάχαρη
- 8 αυγά, σε θερμοκρασία δωματίου
- 1 ½ φλιτζάνι κρέμα γάλακτος
- 1 κουταλιά της σούπας εκχύλισμα βανίλιας Μούρα:
- ½ φλιτζάνι ανάλατο βούτυρο, χωρισμένο
- 1 φλιτζάνι καστανή ζάχαρη, χωρισμένη
- 6 φλιτζάνια φρέσκα βατόμουρα, χωρισμένα

ΟΔΗΓΙΕΣ:

a) Προθερμάνετε το φούρνο στους 350 βαθμούς Φ (175 βαθμούς Κελσίου).

b) Ανακατεύουμε σε ένα μπολ το αλεύρι για όλες τις χρήσεις, το καλαμποκάλευρο, το μπέικιν πάουντερ και το αλάτι.

c) Χτυπάμε μαζί το βούτυρο και τη ζάχαρη με ένα ηλεκτρικό μίξερ μέχρι να ομογενοποιηθούν. Χτυπάμε τα αυγά ένα κάθε φορά, ξύνοντας το μπολ μετά από κάθε προσθήκη. Προσθέστε ξινή κρέμα και βανίλια. ανακατεύουμε μέχρι να ομογενοποιηθούν. Προσθέτουμε το μείγμα του αλευριού και ανακατεύουμε μέχρι να ενσωματωθεί. Αφήνω στην άκρη.

d) Μοιράστε το βούτυρο σε δύο τηγάνια από χυτοσίδηρο 9 ιντσών. λιώνουμε σε μέτρια προς χαμηλή φωτιά, περίπου 1 λεπτό. Προσθέστε ½ της καστανής ζάχαρης σε κάθε τηγάνι. μαγειρέψτε μέχρι το βούτυρο και η ζάχαρη να αρχίσουν να βγάζουν φουσκάλες, 2 με 3 λεπτά. Μοιράζουμε τα βατόμουρα ανάμεσα στα δύο τηγάνια και τα βγάζουμε από την εστία.

e) Μοιράστε το κουρκούτι καλαμποκάλευρου ανάμεσα στα τηγάνια. τοποθετήστε το καθένα σε λαμαρίνα.

f) Ψήνετε στον προθερμασμένο φούρνο μέχρι να βγει καθαρή μια οδοντογλυφίδα που βάζετε στη μέση, για 45 με 50 λεπτά.

g) Αφήστε να κρυώσει ελαφρώς, περίπου 15 λεπτά. Περάστε ένα μαχαίρι γύρω από τις εξωτερικές άκρες κάθε κέικ και αναποδογυρίστε το σε ένα ξύλο κοπής για να το κόψετε σε φέτες.

67. Ακατέργαστα τσιπς μούρων

Κάνει: 6-8

ΣΥΣΤΑΤΙΚΑ:
- 30 ουγγιές ανάμεικτα μούρα (φράουλες, βατόμουρα, σμέουρα)
- 2 φλιτζάνια ωμά καρύδια ή ωμά πεκάν
- ¼ φλιτζάνι άψητο πλιγούρι βρώμης
- 2 κουταλιές της σούπας σιρόπι σφενδάμου
- ¼ κουταλάκι του γλυκού κρεμμύδι σε σκόνη

ΟΔΗΓΙΕΣ:
a)   Σε ένα μεγάλο μπολ, ανακατέψτε τις κομμένες φράουλες και άλλα πλυμένα μούρα.

b)   Ετοιμάζουμε την επικάλυψη σε έναν επεξεργαστή τροφίμων, χτυπώντας όλα τα υλικά μέχρι να ενωθούν.

c)   Σε μια κατσαρόλα 1,4 λίτρων, προσθέστε το μεγαλύτερο μέρος του μείγματος των μούρων, αφήνοντας περίπου μια-δυο κουταλιές της σούπας. Απλώστε ομοιόμορφα.

d)   Τώρα ρίξτε το μεγαλύτερο μέρος της επικάλυψης πάνω από τα μούρα, κρατώντας μερικές κουταλιές της σούπας.

e)   Τώρα πασπαλίζουμε από πάνω τα υπόλοιπα μούρα και τέλος την υπόλοιπη επικάλυψη.

f)   Σερβίρουμε αμέσως ή βάζουμε στο ψυγείο για 1 ώρα.

68. Τάρτα βατόμουρου

Κάνει: 4 μερίδες

ΣΥΣΤΑΤΙΚΑ:
- 2 φλιτζάνια φρέσκα βατόμουρα
- ⅓ καστανή ζάχαρη
- 4 κουταλάκια του γλυκού άμυλο καλαμποκιού
- ½ φλιτζάνι αμύγδαλα κομμένα σε φέτες
- 2 κουταλιές της σούπας νερό
- 1 φύλλο κρούστα πίτας στο ψυγείο
- 1 κρόκο αυγού χτυπημένο

ΟΔΗΓΙΕΣ:
a) Προθερμαίνουμε το φούρνο στους 400 βαθμούς.
b) Σε ένα μεγάλο μπολ, συνδυάστε τα βατόμουρα, την καστανή ζάχαρη, το άμυλο καλαμποκιού και το νερό.
c) Ρίχνετε με κουτάλι το μείγμα των βατόμουρων στο κέντρο της κρούστας.
d) Διπλώστε την άκρη 2 ιντσών της κρούστας πάνω από το μείγμα βατόμουρου, τσακίζοντας ελαφρά την κρούστα.
e) Αλείφουμε την πίτα με τον κρόκο του αυγού και απλώνουμε από πάνω τα αμύγδαλα κομμένα σε φέτες.
f) Ψήνουμε για 20 λεπτά μέχρι να ροδίσει η κρούστα.
g) Ψύξτε λίγο πριν το σερβίρετε.

69. Τρίχα γάλακτος μούρων

Κάνει: 2½ φλιτζάνια

ΣΥΣΤΑΤΙΚΑ:
- 1 μερίδα Milk Crush
- 40 g λυοφιλοποιημένο κεράσι σε σκόνη [½ φλιτζάνι]
- 20 g λυοφιλοποιημένη σκόνη βατόμουρου [¼ φλιτζάνι]
- 0,5 g αλάτι kosher [⅛ κουταλάκι του γλυκού]

ΟΔΗΓΙΕΣ:
a) Ρίξτε τα ψίχουλα γάλακτος με τις σκόνες μούρων και το αλάτι σε ένα μεσαίο μπολ μέχρι όλα τα ψίχουλα να γίνουν ένα ομοιόμορφα κηλιδωμένο κόκκινο και μπλε, επικαλυμμένο με τη σκόνη μούρων.

b) Τα ψίχουλα διατηρούνται σε αεροστεγές δοχείο στο ψυγείο ή στην κατάψυξη για έως και 1 μήνα.

70. Apple Blueberry Walnut Crisp

Κάνει: 6 μερίδες

ΣΥΣΤΑΤΙΚΑ:

ΠΛΗΡΩΣΗ:

- 3 μεγάλα κόκκινα ή χρυσαφί νόστιμα μήλα (περίπου 2 κιλά), ξεφλουδισμένα και κομμένα σε κομμάτια ½ ίντσας (περίπου 4 φλιτζάνια)
- 2 κουταλιές της σούπας συσκευασμένη καστανή ζάχαρη
- 2 κουταλιές της σούπας αλεύρι ολικής αλέσεως
- 1 κουταλάκι του γλυκού εκχύλισμα βανίλιας
- ½ κουταλάκι του γλυκού αλεσμένη κανέλα
- ½ πίντα βατόμουρα (1 φλιτζάνι)

ΤΡΑΓΑΝΟ ΤΟΠινγκ:

- ¾ φλιτζάνι καρύδια, πολύ ψιλοκομμένα
- ¼ φλιτζάνι βρώμη ντεμοντέ ή γρήγορης ψησίματος
- 2 κουταλιές της σούπας συσκευασμένη καστανή ζάχαρη
- 2 κουταλιές της σούπας αλεύρι ολικής αλέσεως
- 2 κουταλιές της σούπας αλεσμένος λιναρόσπορος
- ½ κουταλάκι του γλυκού αλεσμένη κανέλα
- ⅛ κουταλάκι του γλυκού αλάτι
- 2 κουταλιές της σούπας λάδι κανόλα

ΟΔΗΓΙΕΣ:

a) Προθερμάνετε το φούρνο στους 400°F.

b) Συνδυάστε τα μήλα, την καστανή ζάχαρη, το αλεύρι, τη βανίλια και την κανέλα σε ένα μεγάλο μπολ και ανακατέψτε. Ρίξτε απαλά τα βατόμουρα. Τοποθετήστε το μείγμα των μήλων σε ένα ταψί 8 x 8 ιντσών και αφήστε το στην άκρη.

c) Για να φτιάξετε την επικάλυψη, συνδυάστε τα καρύδια, τη βρώμη, την καστανή ζάχαρη, το αλεύρι ολικής αλέσεως, τον λιναρόσπορο, την κανέλα και το αλάτι σε ένα μεσαίο μπολ.

d) Προσθέστε το λάδι κανόλας και ανακατέψτε μέχρι να καλυφθούν καλά τα ξηρά υλικά.

e) Απλώστε ομοιόμορφα την επικάλυψη πάνω από το μείγμα των φρούτων.

f) Ψήστε για 40 έως 45 λεπτά ή μέχρι να μαλακώσουν τα φρούτα και να ροδίσει η επικάλυψη (καλύψτε με αλουμινόχαρτο αν η επικάλυψη ροδίσει πολύ γρήγορα).

71.   Blueberry Boy Bait

ΣΥΣΤΑΤΙΚΑ:

- 2 φλιτζάνια αλεύρι για όλες τις χρήσεις
- 1 φλιτζάνι ζάχαρη
- 2 κουταλάκια του γλυκού μπέικιν πάουντερ
- ¼ κουταλάκι του γλυκού αλάτι
- ⅔ φλιτζάνι φυτικό λάδι
- 1 φλιτζάνι γάλα
- 124.αυγά
- 2 φλιτζάνια βατόμουρα, φρέσκα ή κατεψυγμένα
- 2 κουταλιές της σούπας ζάχαρη
- 1 κουταλάκι του γλυκού κανέλα

ΟΔΗΓΙΕΣ:

a) Προθερμάνετε το φούρνο στους 350 βαθμούς και ψεκάστε ένα ταψί 9×13 ιντσών με αντικολλητικό μαγειρικό σπρέι.

b) Σε ένα μπολ ανάμειξης ενός μίξερ ελεύθερης τοποθέτησης με το εξάρτημα κουπιών ανακατεύουμε το αλεύρι, τη ζάχαρη, το μπέικιν πάουντερ και το αλάτι.

c) Προσθέτουμε το λάδι, το γάλα και τα αυγά. Ανακατεύουμε για 3 λεπτά.

d) Ρίξτε τη ζύμη στο έτοιμο ταψί, πασπαλίστε ομοιόμορφα τα βατόμουρα από πάνω.

e) Σε ένα μικρό μπολ, συνδυάστε τις 3 κουταλιές της σούπας ζάχαρη και την κανέλα και στη συνέχεια πασπαλίστε τα βατόμουρα. Ψήστε για 50 λεπτά ή μέχρι να βγει καθαρή μια οδοντογλυφίδα που έχετε τοποθετήσει στο κέντρο.

72. Κέικ με βατόμουρα

Κάνει: 8-10

ΣΥΣΤΑΤΙΚΑ:
- 1 μπαστούνι βούτυρο
- 1 κουτί μείγμα κίτρινου κέικ
- 1 κουτί γέμιση πίτας 21 oz

ΟΔΗΓΙΕΣ:
a) Προθερμαίνουμε το φούρνο στους 350 βαθμούς, αν χρησιμοποιήσουμε γυάλινο σκεύος στους 325 βαθμούς.
b) Απλώνουμε γέμιση πίτας στον πάτο του ταψιού 9X13.
c) Πασπαλίστε το μείγμα του κέικ πάνω από τη γέμιση.
d) Κόψτε το βούτυρο και τοποθετήστε το πάνω από το μείγμα του κέικ.
e) Τοποθετούμε στο φούρνο και ψήνουμε για 1 ώρα.
f) Αφήνουμε να κρυώσει για 5 λεπτά πριν σερβίρουμε.
g) Σερβίρετε και απολαύστε!

73. <u>Ψωμί με λεμόνι βατόμουρου</u>

Φτιάχνει: 2 ΤΡΑΒΙΖΟΥΜΕ ΦΑΡΜΕΛΙΛΙΑ

ΣΥΣΤΑΤΙΚΑ:

- Βούτυρο, για άλειμμα
- 4 ουγγιές crème fraîche
- ¼ φλιτζάνι συν 1 κουταλιά της σούπας μέλι
- 2 κουταλάκια του γλυκού καθαρό εκχύλισμα βανίλιας
- Ξύσμα και χυμό από 1 λεμόνι
- ½ κουταλάκι του γλυκού αλεσμένη κανέλα
- Καθημερινή Ζύμη Ψωμιού, σε θερμοκρασία δωματίου
- 2 φλιτζάνια φρέσκα ή κατεψυγμένα βατόμουρα
- 1 κουταλιά της σούπας φρέσκα φύλλα θυμαριού

ΟΔΗΓΙΕΣ:

a) Λαδώνουμε δύο ταψιά 9 × 5 ιντσών.

b) Φτιάχνουμε τη γέμιση. Σε ένα μικρό μπολ, ανακατέψτε μαζί την κρέμα γάλακτος, 1 κουταλιά της σούπας μέλι, τη βανίλια, το ξύσμα λεμονιού, το χυμό λεμονιού και την κανέλα.

c) Φτιάξτε τα ρολά. Γυρίστε τη ζύμη σε μια ελαφρώς αλευρωμένη επιφάνεια εργασίας, τρυπήστε την και τυλίξτε την σε ένα ορθογώνιο 10 × 16 ιντσών πάχους περίπου ½ ίντσας, με μια μακριά πλευρά στραμμένη προς το μέρος σας. Απλώστε το μείγμα της κρέμας φρέσκου πάνω στη ζύμη και πασπαλίστε ομοιόμορφα τα βατόμουρα από πάνω. Ξεκινώντας από τη μακριά άκρη που είναι πιο κοντά σας, τραβήξτε τη ζύμη πάνω και πάνω από τη γέμιση και τυλίξτε την προσεκτικά σε ένα κούτσουρο, κρατώντας τη αρκετά σφιχτή. Τσιμπήστε την άκρη για να σφραγιστεί.

d) Γυρίστε τη ραφή του κορμού προς τα κάτω και κόψτε την σε 12 ίσα ρολά. Τοποθετήστε 6 ρολά, με τη ραφή προς τα κάτω, σε κάθε έτοιμο ταψί. τα ρολά πρέπει να αγγίζουν. Σκεπάζουμε και αφήνουμε να φουσκώσει σε ζεστό μέρος μέχρι να διπλασιαστεί σχεδόν σε μέγεθος, 30 λεπτά με 1 ώρα.

e) Προθερμάνετε το φούρνο στους 350°F.

f) Ψήστε τα ρολά μέχρι να ροδίσουν ελαφρά από πάνω, 45 με 50 λεπτά. Αφήνουμε στην άκρη να κρυώσει ελαφρώς.

g) Φτιάξτε το θυμαρίσιο μέλι. Εν τω μεταξύ, συνδυάστε το θυμάρι και το υπόλοιπο ¼ φλιτζάνι μέλι σε μια μικρή κατσαρόλα σε χαμηλή φωτιά. Σιγοβράζουμε μέχρι να αρχίσει να βγάζει φουσκάλες το μέλι, περίπου 3 λεπτά, και αποσύρουμε την κατσαρόλα από τη φωτιά.

h) Περιχύστε το ψωμί με το ζεστό θυμαρίσιο μέλι. Αποθηκεύστε τυχόν υπολείμματα στο ψυγείο σε αεροστεγές δοχείο για έως και 3 ημέρες.

74. Ανακατεμένο μούρο Cobbler με μπισκότα ζάχαρης

Κάνει: 10 ΜΕΡΙΔΕΣ

ΣΥΣΤΑΤΙΚΑ:
- Φυτικό λάδι, για λίπανση
- 2 φλιτζάνια φρέσκες φράουλες, κομμένες σε φέτες
- 2 φλιτζάνια φρέσκα βατόμουρα
- 2 φλιτζάνια φρέσκα βατόμουρα
- 1 φλιτζάνι κρυσταλλική ζάχαρη
- ¾ φλιτζάνι νερό
- 2 κουταλιές της σούπας ανάλατο βούτυρο
- 1 κουταλιά της σούπας εκχύλισμα βανίλιας
- 3 κουταλιές της σούπας άμυλο καλαμποκιού

ΓΙΑ ΤΟ ΤΟΟΡΙΝG ΜΠΙΣΚΟΤΟ:
- 2 φλιτζάνια αλεύρι για όλες τις χρήσεις
- ¼ φλιτζάνι κρυσταλλική ζάχαρη
- 3 κουταλιές της σούπας μπέικιν πάουντερ
- ½ κουταλάκι του γλυκού αλάτι kosher
- ¾ φλιτζάνι βουτυρόγαλα
- 5 κουταλιές της σούπας κρύο ανάλατο βούτυρο, ψιλοκομμένο
- 2 κουταλάκια του γλυκού εκχύλισμα βανίλιας
- 2 κουταλιές της σούπας λιωμένο ανάλατο βούτυρο
- 2 κουταλιές της σούπας χοντρή ζάχαρη

ΟΔΗΓΙΕΣ:

a) Προθερμάνετε το φούρνο στους 375 βαθμούς Φ. Λαδώστε ελαφρά ένα ταψί 9 επί 13 ιντσών.

b) Σε μια μεγάλη κατσαρόλα σε μέτρια φωτιά, ανακατεύουμε τα μούρα με τη ζάχαρη, το νερό, το βούτυρο και τη βανίλια. Όταν αρχίσουν να σχηματίζονται φυσαλίδες, αφαιρέστε περίπου ¼ φλιτζάνι υγρό από την κατσαρόλα.

c) Σε ένα μικρό μπολ, συνδυάστε το ¼ φλιτζάνι ζεστό υγρό με το άμυλο καλαμποκιού και ανακατέψτε μέχρι να μην έχουν σβόλους. Ρίξτε ξανά το μείγμα με το καλαμποκάλευρο στην κατσαρόλα με τα μούρα και ανακατέψτε. Μαγειρέψτε μέχρι να πήξουν όλα και μετά ρίξτε το μείγμα των φρούτων στο ταψί. Αφήνω στην άκρη.

d) Για την επικάλυψη μπισκότου, σε ένα μεγάλο μπολ, συνδυάστε το αλεύρι, τη ζάχαρη, το μπέικιν πάουντερ και το αλάτι. Χτυπάμε μέχρι να ενωθούν καλά. Προσθέστε το βουτυρόγαλα, το τριμμένο βούτυρο και τη βανίλια. Ανακατεύουμε τα υλικά. Αφαιρέστε το μείγμα των μπισκότων και τοποθετήστε το πάνω από τη γέμιση των μούρων.

e) Αλείφουμε τα μπισκότα με λιωμένο βούτυρο και μετά πασπαλίζουμε με τη χοντρή ζάχαρη. Ψήνουμε στο φούρνο, ακάλυπτα, για 30 με 35 λεπτά. Βγάζουμε από το φούρνο, και αφήνουμε να κρυώσει. Σερβίρετε με ή χωρίς παγωτό.

75. <u>**Καλοκαιρινά μούρα με φρέσκια μέντα**</u>

Κάνει: 4 έως 6 μερίδες

ΣΥΣΤΑΤΙΚΑ:
- 2 κουταλιές της σούπας φρέσκο χυμό πορτοκαλιού ή ανανά
- 1 κουταλιά της σούπας φρέσκο χυμό λάιμ
- 1 κουταλιά της σούπας νέκταρ αγαύης
- 2 κουταλάκια του γλυκού κιμά φρέσκο δυόσμο
- 2 φλιτζάνια φρέσκα κεράσια χωρίς κουκούτσι
- 1 φλιτζάνι φρέσκα βατόμουρα
- 1 φλιτζάνι φρέσκες φράουλες, ξεφλουδισμένες και κομμένες στη μέση
- ½ φλιτζάνι φρέσκα βατόμουρα ή σμέουρα

ΟΔΗΓΙΕΣ:
a) Σε ένα μικρό μπολ, συνδυάστε το χυμό πορτοκαλιού, το χυμό λάιμ, το νέκταρ αγαύης και τη μέντα. Αφήνω στην άκρη.
b) Σε ένα μεγάλο μπολ, συνδυάστε τα κεράσια, τα βατόμουρα, τις φράουλες και τα βατόμουρα. Προσθέστε το dressing και ανακατέψτε απαλά να ενωθούν.
c) Σερβίρετε αμέσως.

76. Ατομικά Yuzu Blueberry Trifles

Κάνει: 6 μερίδες

ΣΥΣΤΑΤΙΚΑ:

ΓΙΑ ΤΟ κέικ Yuzu:

- 1 φλιτζάνι Κέικ Φλάουρ
- ½ κουταλάκι του γλυκού Baking Powder
- ¼ κουταλάκι του γλυκού Plus ⅛ κουταλάκι του γλυκού μαγειρική σόδα
- ¼ κουταλάκι του γλυκού Αλάτι
- ½ ραβδί Βούτυρο, μαλακωμένο
- ⅓ φλιτζάνι κοκκοποιημένη ζάχαρη από ζαχαροκάλαμο
- 1 Αυγό
- ¾ κουταλάκι του γλυκού εκχύλισμα βανίλιας
- ½ κουταλάκι του γλυκού εκχύλισμα Yuzu
- ½ φλιτζάνι βουτυρόγαλα

ΓΙΑ ΤΗ ΣΤΥΓΙΓΙ ΜΕ ΓΛΥΚΑΝΤΗΡΙΑ:

- 1 φλιτζάνι βαριά σαντιγί
- ¼ κουταλάκι του γλυκού Πάστα φασολιών βανίλιας ή εκχύλισμα βανίλιας
- 1 κουταλιά της σούπας Pure Syrup Maple

ΓΙΑ ΤΑ ΨΗΛΑ:

- ½ κέικ Yuzu
- Γλυκασμένη σαντιγί
- 1 φλιτζάνι Yuzu Curd
- 2 φλιτζάνια φρέσκα βατόμουρα

ΟΔΗΓΙΕΣ:

ΓΙΑ ΤΟ κέικ Γιούζου:

a) Βουτυρώνετε μια φόρμα για κέικ 9 ιντσών. Προθερμάνετε το φούρνο στους 300ºF.

b) Σε ένα μικρό μπολ, χτυπήστε ελαφρά το αλεύρι, το μπέικιν πάουντερ, τη σόδα και το αλάτι. Σε ένα μεγάλο μπολ, κρέμα μαζί το βούτυρο και τη ζάχαρη.

c) Προσθέτουμε το αυγό και χτυπάμε καλά. Χτυπάμε με εκχυλίσματα βανίλιας και Yuzu.

d) Προσθέστε τα μισά από τα ξηρά υλικά στα υγρά και ανακατέψτε. Προσθέτουμε το βουτυρόγαλα και χτυπάμε.

e) Προσθέστε τα υπόλοιπα ξηρά υλικά και ανακατέψτε μέχρι να ενωθούν.

f) Ρίχνουμε το κουρκούτι στο έτοιμο ταψί, το λειαίνουμε και ψήνουμε σε προθερμασμένο φούρνο μέχρι να ροδίσει ελαφρά και μια οδοντογλυφίδα στο κέντρο να βγαίνει καθαρή, περίπου 30 λεπτά.

g) Ψύξτε τελείως πριν φτιάξετε τα μικροπράγματα.

ΓΙΑ ΤΗ ΣΤΥΓΙΓΙ ΜΕ ΓΛΥΚΑΝΤΗΡΙΑ:

h) Σε ένα μεσαίο μπολ χτυπάμε την κρέμα γάλακτος, τη βανίλια και το σιρόπι ή τη ζάχαρη μέχρι να σχηματιστούν μέτρια σφιχτές κορυφές.

ΓΙΑ ΝΑ ΦΤΙΑΞΕΤΕ ΤΑ ΨΙΛΑ:

i) Κόψτε το μισό κέικ σε μικρούς κύβους. Τοποθετήστε μερικούς από τους κύβους στον πάτο ενός βάζου 8 ουγκιών.

j) Προσθέστε μια-δυο κουταλιές σαντιγί. Ρίξτε μια στρώση βατόμουρα.

k) Απλώνουμε από πάνω μια κουταλιά τυρόπηγμα Yuzu. Επαναλάβετε τις στρώσεις για άλλη μια φορά.

l) Κάντε το ίδιο με τα υπόλοιπα βάζα μαρμελάδας.

m) Σερβίρουμε αμέσως ή φυλάμε σκεπασμένο στο ψυγείο για λίγες ώρες.

77. Ραβανόπιτα με βατόμουρα

Κάνει: 7 μερίδες

ΣΥΣΤΑΤΙΚΑ:
ΓΕΜΙΣΗ ΠΙΤΑΣ:
- 4 φλιτζάνια ψιλοκομμένο, φρέσκο ραβέντι
- 2 φλιτζάνια φρέσκα βατόμουρα
- 2 κουταλιές της σούπας λιωμένο βούτυρο
- 1-⅓ φλιτζάνι λευκή ζάχαρη
- ⅔ φλιτζάνι τέσσερα

CRUMBLE TOP:
- ½ φλιτζάνι (1 ξυλάκι) λιωμένο βούτυρο
- 1 φλιτζάνι αλεύρι
- 1 φλιτζάνι βρώμη
- 1 φλιτζάνι πιεσμένη καστανή ζάχαρη
- 1 κουταλάκι του γλυκού κανέλα

ΟΔΗΓΙΕΣ:
ΓΕΜΙΣΗ ΠΙΤΑΣ:
a) Ψεκάστε με σπρέι τον πάτο ενός ταψιού για πιάτα 9" βαθιού.

b) Στρώνουμε το ταψί με μια κρούστα πίτας. Αν κάνετε crumble top, χτυπήστε με φλάουτο τις άκρες της κρούστας πριν γεμίσετε.

c) Απλώστε ομοιόμορφα ¼ φλιτζάνι αλεύρι στον πάτο της κρούστας της πίτας πριν προσθέσετε τη γέμιση πίτας.

d) Συνδυάστε όλα τα υλικά της γέμισης πίτας και πιέστε σε κρούστα για πίτα.

CRUMBLE TOP:
e) Ανακατεύουμε όλα τα υλικά μέχρι να αναμειχθούν καλά και να γίνουν θρυμματισμένα.

ΨΗΣΙΜΟ:
f) Προσθέστε το crumble top στη γέμιση της πίτας, απλώνοντας ομοιόμορφα. Αν χρησιμοποιείτε πάνω κρούστα πίτας, απλώστε πάνω από όλη τη γέμιση της πίτας και πιέστε τις άκρες της πάνω κρούστας πίτας προς την κάτω κρούστα, φτιάχνοντας τις άκρες. Κάνουμε σχισμές στην πάνω κρούστα για να αχνίσει η πίτα. Ψεκάστε την πάνω κρούστα με σπρέι ταψιού και πασπαλίστε καλά με 5 κουταλιές της σούπας ζάχαρη ωμή.

g) Σκεπάζουμε με αλουμινόχαρτο και ψήνουμε στους 350 βαθμούς για 1 ώρα (λιγότερο αν χρησιμοποιούμε φούρνο θερμότητας)

h) Αφήνουμε την πίτα να κρυώσει εντελώς πριν τη σερβίρουμε.

78. Κατσαρόλα με πλιγούρι βρώμης Cherry Berry

Κάνει: 6 μερίδες

ΣΥΣΤΑΤΙΚΑ:
- 2 φλιτζάνια ξηρή βρώμη
- ½ φλιτζάνι συν 2 κ.σ. ανοιχτή καστανή ζάχαρη
- 1 κουταλάκι του γλυκού μπέικιν πάουντερ
- 1 κουταλάκι του γλυκού αλεσμένη κανέλα
- ½ κουταλάκι του γλυκού αλάτι
- ½ φλιτζάνι αποξηραμένα κεράσια
- ½ φλιτζάνι φρέσκα ή αποψυγμένα κατεψυγμένα βατόμουρα
- ¼ φλιτζάνι καβουρδισμένα αμύγδαλα
- 1 φλιτζάνι πλήρες γάλα
- 1 φλιτζάνι μισή μισή κρέμα
- 1 αυγό
- 2 κ.σ. λιωμένο ανάλατο βούτυρο
- 1 κουταλάκι του γλυκού εκχύλισμα βανίλιας

ΟΔΗΓΙΕΣ:
a) Προθερμαίνουμε το φούρνο στους 375°. Ψεκάστε ένα τετράγωνο ταψί 8" με αντικολλητικό μαγειρικό σπρέι.

b) Σε ένα μπολ, προσθέστε τη βρώμη, ½ φλιτζάνι καστανή ζάχαρη, το μπέικιν πάουντερ, την κανέλα, το αλάτι, τα κεράσια, το ¼ φλιτζάνι βατόμουρα και ⅛ φλιτζάνι αμύγδαλα. Ανακατεύουμε μέχρι να ενωθούν και απλώνουμε στο ταψί.

c) Πασπαλίστε ¼ φλιτζάνι βατόμουρα και ⅛ φλιτζάνι αμύγδαλα από πάνω.

d) Σε ένα μπολ προσθέτουμε το γάλα, τη μισή κρέμα, το αυγό, το βούτυρο και το εκχύλισμα βανίλιας. Χτυπάμε μέχρι να ενωθούν και περιχύνουμε την κατσαρόλα. Μην ανακατεύετε. Πασπαλίζουμε από πάνω 2 κουταλιές της σούπας καστανή ζάχαρη.

e) Ψήνουμε για 30 λεπτά ή μέχρι να δέσει η κατσαρόλα και να μαλακώσει το πλιγούρι. Βγάζουμε από το φούρνο και αφήνουμε την κατσαρόλα να ξεκουραστεί για 5 λεπτά πριν τη σερβίρουμε.

ΣΑΛΤΣΕΣ

79. <u>Καλοκαιρινή Σάλτσα Φρούτων</u>

Φτιάχνει: περίπου 2 φλ

ΣΥΣΤΑΤΙΚΑ:
- 1 κουταλιά της σούπας άμυλο καλαμποκιού
- 1 φλιτζάνι φρέσκο χυμό πορτοκαλιού
- 1/4 φλιτζάνι νέκταρ αγαύης
- 2 κουταλιές της σούπας vegan μαργαρίνη
- 1 κουταλάκι του γλυκού τριμμένο ξύσμα πορτοκαλιού
- 2 ώριμα ροδάκινα, κομμένα στη μέση, χωρίς κουκούτσι και ψιλοκομμένα
- 1/2 φλιτζάνι φρέσκα βατόμουρα

ΟΔΗΓΙΕΣ:
a) Σε μια μέτρια κατσαρόλα ανακατεύουμε το καλαμποκάλευρο και το χυμό πορτοκαλιού. Προσθέστε το νέκταρ αγαύης και αφήστε να πάρει μια βράση. Μειώστε τη φωτιά σε μέτρια και μαγειρέψτε, ανακατεύοντας συνεχώς, μέχρι να πήξει, περίπου 5 λεπτά.

b) Αποσύρουμε από τη φωτιά και προσθέτουμε τη μαργαρίνη και το ξύσμα πορτοκαλιού. Προσθέστε τα ροδάκινα και τα βατόμουρα. Σερβίρετε σε θερμοκρασία δωματίου ή παγωμένο. Αποθηκεύστε τη σάλτσα που έχει απομείνει σκεπασμένη στο ψυγείο για έως και 2 ημέρες.

80. <u>Σάλτσα βατόμουρου</u>

Κάνει: 4 μερίδες

ΣΥΣΤΑΤΙΚΑ:
- 2 φλιτζάνια βατόμουρα
- 4 ασκαλώνια σε κύβους
- 2 κουταλιές της σούπας βούτυρο
- 1 κουταλιά της σούπας μουστάρδα κόκκων
- ¼ φλιτζάνι κόκκινο κρασί
- Ζωμός βοδινού
- 2 κουταλιές της σούπας ζάχαρη
- Μαύρο πιπέρι για γεύση
- Αλάτι Kosher για γεύση
- Φρέσκο θυμάρι

ΟΔΗΓΙΕΣ:
a) Καραμελώστε τα ασκαλώνια σε κύβους με βούτυρο, θυμάρι και αλάτι.

b) Προσθέστε τη μουστάρδα και τα βατόμουρα και σπάστε τα με ένα πιρούνι όσο μαγειρεύετε σε μέτρια φωτιά.

c) Προσθέστε το μαύρο πιπέρι και αρκετό ζωμό βοδινού για να καλύψετε τα βατόμουρα και σιγοβράστε απαλά για περίπου 25 λεπτά, μέχρι τα ασκαλώνια και τα μύρτιλα να μαλακώσουν και η σάλτσα να γίνει γυαλιστερή.

d) Σερβίρετε αυτή τη σάλτσα με ψητό στήθος κοτόπουλου και πουρέ κουνουπιδιού!

81. Λαχταριστό σιρόπι βατόμουρου

Φτιάχνει: περίπου 2-½ φλιτζάνια

ΣΥΣΤΑΤΙΚΑ:
- ½ φλιτζάνι ζάχαρη
- 1 Τ. άμυλο καλαμποκιού
- ⅓ γ. νερό
- 2 φλιτζάνια φρέσκα ή κατεψυγμένα βατόμουρα

ΟΔΗΓΙΕΣ:
a) Σε μια κατσαρόλα σε μέτρια φωτιά, ανακατεύουμε τη ζάχαρη και το καλαμποκάλευρο. Ανακατεύουμε με νερό σταδιακά.

b) Προσθέστε μούρα? αφήνουμε να πάρει μια βράση. Βράζουμε, ανακατεύοντας συνεχώς, για ένα λεπτό ή μέχρι να πήξει το μείγμα.

c) Σερβίρετε ζεστό ή αδειάζετε σε σκεπασμένο βάζο και διατηρείτε στο ψυγείο για αρκετές μέρες.

82. Μαρμελάδα βατόμουρου

Κάνει 9 μισά πίντα

ΣΥΣΤΑΤΙΚΑ:
- 8 φλιτζάνια φρέσκα βατόμουρα
- 6 φλιτζάνια μέλι
- 3 κουταλιές της σούπας χυμό λεμονιού
- 2 κουταλάκια του γλυκού αλεσμένη κανέλα
- 2 κουταλάκια του γλυκού ξύσμα λεμονιού τριμμένο
- ½ κουταλάκι του γλυκού αλεσμένο μοσχοκάρυδο
- 6 ουγγιές υγρής πηκτίνης φρούτων χωρίς ζάχαρη

ΟΔΗΓΙΕΣ:
a) Τοποθετήστε τα βατόμουρα σε έναν επεξεργαστή τροφίμων. καλύψτε και χτυπήστε μέχρι να ομογενοποιηθούν σχεδόν πλήρως.

b) Μεταφορά σε απόθεμα. Προσθέστε το μέλι, το χυμό λεμονιού, την κανέλα, το ξύσμα λεμονιού και το μοσχοκάρυδο. Φέρτε σε πλήρη βρασμό σε δυνατή φωτιά, ανακατεύοντας συνεχώς. Προσθέστε πηκτίνη.

c) Βράζουμε για 1 λεπτό ανακατεύοντας συνεχώς.

d) Αποσύρουμε από τη φωτιά? αφαιρέστε τον αφρό. Τοποθετήστε το ζεστό μείγμα σε ζεστά αποστειρωμένα βάζα μισού πίντας, αφήνοντας ¼ ίντσας ελεύθερου χώρου.

e) Αφαιρέστε τις φυσαλίδες αέρα. σκουπίστε τις ζάντες και ρυθμίστε τα καπάκια. Επεξεργαστείτε για 10 λεπτά σε κονσέρβα με βραστό νερό.

SMOOTHIES ΚΑΙ ΚΟΚΤΕΙΛ

83. Ομπρέ ελιξίριο ροδιού

Κάνει: 4

ΣΥΣΤΑΤΙΚΑ:
- 16 ουγγιές χυμό πορτοκαλιού
- 4 ουγγιές χυμό cranberry
- 2 κουταλιές της σούπας χυμό τζίντζερ
- 3½ ουγγιές βατόμουρα + επιπλέον για γαρνίρισμα
- 8 ουγγιές χυμό ροδιού
- 4 κουταλιές της σούπας ζάχαρη, ή για γεύση

ΟΔΗΓΙΕΣ:
a) Συνδυάστε τους χυμούς πορτοκαλιού, κράνμπερι και τζίντζερ.
b) Σκεπάζουμε και βάζουμε στο ψυγείο μέχρι να κρυώσει.
c) Πολτοποιούμε στο μπλέντερ τα βατόμουρα με το χυμό ροδιού και τη ζάχαρη.
d) Ψύξτε στο ψυγείο.
e) Ρίξτε το μείγμα χυμού πορτοκαλιού-cranberry-ginger σε 4 ποτήρια.
f) Περιχύνουμε με πουρέ ροδιού-μύρτιλου.
g) Σερβίρουμε γαρνίροντας με φρέσκα βατόμουρα.

84. Μύρτιλλα πάγου με λευκό γκρέιπφρουτ

Κάνει: 4

ΣΥΣΤΑΤΙΚΑ:
- 7 ουγγιές βατόμουρα
- 7 ουγγιές ζάχαρη
- 7 κλωναράκια θυμάρι
- 16 ουγγιές χυμός λευκό γκρέιπφρουτ
- χυμό από 1 λάιμ
- 1 μίσχο δεντρολίβανου, ξεφλουδισμένο

ΟΔΗΓΙΕΣ:
a)   Τοποθετήστε 4 βατόμουρα σε μια παγοθήκη, ρίξτε νερό πάνω από τα μούρα και παγώστε.
b)   Σε μια κατσαρόλα ή κατσαρόλα, συνδυάστε τη ζάχαρη και 4 ουγγιές νερό σε μέτρια φωτιά και βράστε, ανακατεύοντας τακτικά.
c)   Προσθέστε τα κλωναράκια θυμάρι.
d)   Συνδυάστε 2 κουταλιές της σούπας σιρόπι θυμαριού με το γκρέιπφρουτ και τους χυμούς λάιμ.
e)   Σερβίρουμε σε 4 ποτήρια, προσθέτουμε μερικά παγάκια μύρτιλλο σε κάθε ποτήρι και σερβίρουμε παγωμένο, γαρνίροντας με δεντρολίβανο.

85. Πράσινο smoothie

Φτιάχνει: 4 φλ

ΣΥΣΤΑΤΙΚΑ:
- 2 φλιτζάνια λαχανικά ψιλοκομμένα
- 2 φλιτζάνια βατόμουρα
- 2 φλιτζάνια φιλτραρισμένο νερό, κατά βούληση

ΟΔΗΓΙΕΣ:
a) Τοποθετήστε όλα τα υλικά σε ένα μπλέντερ υψηλής ισχύος και ανακατέψτε μέχρι να ομογενοποιηθούν.

b) Μπορεί να διατηρηθεί στο ψυγείο για έως και 1 ημέρα, αλλά καλύτερα να το απολαύσετε αμέσως.

86. Cherry Blueberry Kale

ΣΥΣΤΑΤΙΚΑ:
- 1 φλιτζάνι λάχανο
- 1 φλιτζάνι κεράσια
- ½ φλιτζάνι βατόμουρα

ΟΔΗΓΙΕΣ:
a) Ανακατεύουμε με ½ έως 1 φλιτζάνι υγρό.
b) Απολαμβάνω

87. Protein Power Smoothie

ΣΥΣΤΑΤΙΚΑ:
- ¾ φλιτζάνι γάλα χωρίς λιπαρά
- ½ ώριμη μπανάνα
- ½ φλιτζάνι κατεψυγμένα σμέουρα
- ½ φλιτζάνι κατεψυγμένα βατόμουρα
- 1 κουταλιά σκόνη πρωτεΐνης ορού γάλακτος βανίλιας
- 5 παγάκια

ΟΔΗΓΙΕΣ:
a)   Ανακατεύουμε μέχρι να ομογενοποιηθούν.
b)   Δοκιμάστε και προσαρμόστε τον πάγο ή τα συστατικά εάν χρειάζεται.

88. <u>Superfood Shake</u>

ΣΥΣΤΑΤΙΚΑ:

- ½ φλιτζάνι κατεψυγμένα κεράσια
- 8 ουγγιές νερό
- ½ φλιτζάνι ωμά παντζάρια ψιλοκομμένα
- ½ φλιτζάνι κατεψυγμένες φράουλες
- ½ φλιτζάνι κατεψυγμένα βατόμουρα
- ½ μπανάνα
- 1 μεζούρα πρωτεΐνη ορού γάλακτος σοκολάτας
- 1 κουταλιά της σούπας αλεσμένος λιναρόσπορος

ΟΔΗΓΙΕΣ:

a)   Ανακατεύουμε μέχρι να ομογενοποιηθούν.

b)   Δοκιμάστε και προσαρμόστε τον πάγο ή τα συστατικά εάν χρειάζεται.

89. To Power Shake του Dr. Mike

ΣΥΣΤΑΤΙΚΑ:

- ¼ φλιτζάνι τυρί cottage με χαμηλά λιπαρά
- 1 φλιτζάνι βατόμουρα (φρέσκα ή κατεψυγμένα)
- 1 κουταλιά σκόνη πρωτεΐνης βανίλιας
- 2 κουταλιές της σούπας αλεύρι λιναρόσπορου
- 2 κουταλιές της σούπας καρύδια, ψιλοκομμένα
- 1 ½ φλιτζάνι νερό
- 3 παγάκια

ΟΔΗΓΙΕΣ:

a)   Ανακατεύουμε μέχρι να ομογενοποιηθούν.

b)   Δοκιμάστε και προσαρμόστε τον πάγο ή τα συστατικά εάν χρειάζεται.

90. Bright Berry Shake

ΣΥΣΤΑΤΙΚΑ:
- 1 ½ φλιτζάνι νερό ή γάλα αμυγδάλου
- 2 κουταλιές σκόνη πρωτεΐνης βανίλιας
- 8 σμέουρα
- 4 φράουλες
- 12 βατόμουρα
- χούφτα παγάκια

ΟΔΗΓΙΕΣ:
a) Ανακατεύουμε μέχρι να ομογενοποιηθούν.
b) Δοκιμάστε και προσαρμόστε τον πάγο ή τα συστατικά εάν χρειάζεται.

91. Σέικ Μάνγκο Βατόμουρου

ΣΥΣΤΑΤΙΚΑ:

- ½ φλιτζάνι φρέσκο ή κατεψυγμένο ψιλοκομμένο μάνγκο
- ¼ φλιτζάνι φρέσκα ή κατεψυγμένα βατόμουρα
- ¼ φλιτζάνι απλό ελληνικό γιαούρτι
- 1 φλιτζάνι νερό ή γάλα αμυγδάλου
- 2 κουταλιές σκόνη πρωτεΐνης βανίλιας

ΟΔΗΓΙΕΣ:

a)   Ανακατεύουμε μέχρι να ομογενοποιηθούν.

b)   Δοκιμάστε και προσαρμόστε τον πάγο ή τα συστατικά εάν χρειάζεται.

92. Blueberry Blast

ΣΥΣΤΑΤΙΚΑ:
- 1 φλιτζάνι γάλα αμυγδάλου βανίλιας
- 1 παγωμένη μπανάνα (φλούδα πριν την κατάψυξη)
- ½ φλιτζάνι βατόμουρα
- 1 μεζούρα χωρίς γεύση ή σκόνη πρωτεΐνης βανίλιας

ΟΔΗΓΙΕΣ:
α) Ρίξτε όλα τα υλικά στο μπλέντερ για 30-60 δευτερόλεπτα.

93. <u>Σέικ μάφιν βατόμουρου</u>

ΣΥΣΤΑΤΙΚΑ:
- 2 κουταλιές σκόνη πρωτεΐνης βανίλιας
- 6 ουγγιές γάλα αμυγδάλου
- ⅔ φλιιζάνι βατόμουρα
- 2 κουταλάκια του γλυκού βούτυρο κάσιους
- 1-5 σταγόνες εκχύλισμα βανίλιας
- 4 ουγγιές νερό (περισσότερο για πιο αραιό σέικ, λιγότερο για πιο πηχτό κούνημα)
- 3 παγάκια

ΟΔΗΓΙΕΣ:
α) Ρίξτε όλα τα υλικά στο μπλέντερ για 30-60 δευτερόλεπτα.

94. Smoothie καρύδας βατόμουρου

Κάνει: 2

ΣΥΣΤΑΤΙΚΑ:
- 3 κουταλιές της σούπας Golden Flaxseed Meal
- 1 κουταλιά της σούπας σπόροι Chia
- 2 φλιτζάνια γάλα καρύδας χωρίς ζάχαρη βανίλια
- 10 σταγόνες Υγρή Στέβια
- ¼ φλιτζάνι βατόμουρα

ΟΔΗΓΙΕΣ:
a) Σε ένα μπλέντερ ανακατεύουμε όλα τα υλικά.

b) Στη συνέχεια ανακατεύουμε για 1-2 λεπτά ή μέχρι να ενωθούν πλήρως όλα τα υλικά.

95. Κέτο τροπικό smoothie

Κάνει: 1

ΣΥΣΤΑΤΙΚΑ:
● Παγάκια
● ¾ φλιτζάνι γάλα καρύδας χωρίς ζάχαρη
● ¼ φλιτζάνι Ξινή κρέμα
● 2 κουταλιές της σούπας Golden Flaxseed Meal
● 20 σταγόνες Liquid Stevia
● ¼ κουταλάκι του γλυκού εκχύλισμα βατόμουρου

ΟΔΗΓΙΕΣ:
a) Σε ένα μπλέντερ ανακατεύουμε όλα τα υλικά.
b) Ανακατεύουμε για 1-2 λεπτά σε δυνατή ταχύτητα ή μέχρι να πήξει η συνοχή.

96. Sprouted Alfalfa Smoothie

Κάνει: 1

ΣΥΣΤΑΤΙΚΑ:
- 1 φλιτζάνι Νερό
- 2 φλιτζάνια baby σπανάκι
- ½ μέτρια μπανάνα
- 1 κουταλιά σκόνη πρωτεΐνης ορού γάλακτος βανίλιας
- ¼ φλιτζάνι κατεψυγμένα βατόμουρα
- ¼ φλιτζάνι κατεψυγμένα βατόμουρα χωρίς ζάχαρη
- ½ φλιτζάνι φύτρα αλφάλφα

ΟΔΗΓΙΕΣ:
a) Για αρχή, βάλτε το νερό και το σπανάκι στο μπλέντερ. Στη συνέχεια προσθέτουμε τα υπόλοιπα υλικά και 3 παγάκια.
b) Ανακατεύουμε μέχρι να ομογενοποιηθούν και σερβίρουμε.

97. Smoothie βατόμουρου

Κάνει: 1-2 μερίδες

ΣΥΣΤΑΤΙΚΑ:
- 1 φλιτζάνι βατόμουρα
- 1 μικρή μπανάνα
- Κομμάτι τζίντζερ 1 ίντσας
- 1 φλιτζάνι baby σπανάκι
- 1 φλιτζάνι γάλα αμυγδάλου
- 1 κουταλιά της σούπας λιναρόσπορος
- 1 κουταλιά της σούπας βούτυρο αμυγδάλου
- ½ φλιτζάνι πάγο

ΟΔΗΓΙΕΣ:
a) Τοποθετήστε τον πάγο σε ένα μπλέντερ υψηλής ταχύτητας.
b) Προσθέστε τα υπόλοιπα υλικά.
c) Στερεώστε το καπάκι στο μπλέντερ και επεξεργαστείτε μέχρι το smoothie να γίνει κρεμώδες και λείο.
d) Μεταφέρετε σε ποτήρι και απολαύστε αμέσως!

98. Smoothie με κακάο σπανάκι

ΣΥΣΤΑΤΙΚΑ:

- 2 φλιτζάνια σπανάκι
- 1 φλιτζάνι βατόμουρα, κατεψυγμένα
- 1 κουταλιά της σούπας σκόνη κακάο
- ½ φλιτζάνι γάλα αμυγδάλου χωρίς ζάχαρη
- ½ φλιτζάνι τριμμένος πάγος
- 1 κουταλάκι του γλυκού ωμόμελι
- 1 κουταλιά της σούπας Matcha σε σκόνη

ΟΔΗΓΙΕΣ:

a) Ανακατεύουμε στο μπλέντερ
b) Σερβίρισμα

99. Smoothie πίτα βατόμουρου

ΣΥΣΤΑΤΙΚΑ:
ΓΙΑ ΠΡΟΕΤΟΙΜΑΣΙΑ
● 2 ½ φλιτζάνια κατεψυγμένα βατόμουρα

● 1 μπανάνα, κομμένη σε φέτες

● 2 κράκερ Γκράχαμ ολόκληρα με κανέλα, σπασμένα σε κομμάτια

● 1 κουταλιά της σούπας βούτυρο αμυγδάλου

ΓΙΑ ΝΑ ΕΞΥΠΗΡΕΤΗΣΕΙ
● 1 φλιτζάνι γάλα αμυγδάλου βανίλια χωρίς ζάχαρη

● ½ φλιτζάνι ελληνικό γιαούρτι 2%.

● 3 κουταλάκια του γλυκού μέλι

ΟΔΗΓΙΕΣ:
a) Συνδυάστε τα βατόμουρα, την μπανάνα, τα κράκερ Graham και το βούτυρο αμυγδάλου σε ένα μεγάλο μπολ. Μοιράστε σε 4 σακούλες κατάψυξης με φερμουάρ. Καταψύξτε για έως και ένα μήνα, μέχρι να είναι έτοιμο για σερβίρισμα.

b) ΓΙΑ ΝΑ ΦΤΙΑΞΕΤΕ ΜΙΑ ΜΕΡΗ: Τοποθετήστε το περιεχόμενο μιας σακούλας σε ένα μπλέντερ και προσθέστε ¼ φλιτζάνι γάλα αμυγδάλου, 2 κουταλιές της σούπας γιαούρτι και ¾ κουταλάκι του γλυκού μέλι. Ανακατεύουμε μέχρι να ομογενοποιηθούν. Σερβίρετε αμέσως.

100. Smoothie καρύδας Rainbow

ΣΥΣΤΑΤΙΚΑ:

ΓΙΑ ΠΡΟΕΤΟΙΜΑΣΙΑ

● 2 μανταρίνια, ξεφλουδισμένα και κομμένα

● 1 φλιτζάνι ανανά κομμένο σε κύβους

● 1 φλιτζάνι μάνγκο κομμένο σε κύβους

● 1 φλιτζάνι φράουλες σε φέτες

● 1 φλιτζάνι βατόμουρα

● 1 φλιτζάνι βατόμουρα

● 1 ακτινίδιο, ξεφλουδισμένο και κομμένο σε φέτες

● 2 φλιτζάνια baby σπανάκι

● ½ φλιτζάνι καρύδα ξεφλουδισμένη

ΓΙΑ ΝΑ ΕΞΥΠΗΡΕΤΗΣΕΙ

● 2 φλιτζάνια νερό καρύδας

ΟΔΗΓΙΕΣ:

a) Συνδυάστε τα μανταρίνια, τον ανανά, το μάνγκο, τις φράουλες, τα βατόμουρα, τα βατόμουρα, το ακτινίδιο, το σπανάκι και την καρύδα σε ένα μεγάλο μπολ. Μοιράστε σε 6 σακούλες κατάψυξης με φερμουάρ. Καταψύξτε για έως και ένα μήνα, μέχρι να είναι έτοιμο για σερβίρισμα.

b) ΓΙΑ ΝΑ ΦΤΙΑΞΕΤΕ ΜΙΑ ΜΕΡΗ: Τοποθετήστε τα περιεχόμενα μιας σακούλας σε ένα μπλέντερ και προσθέστε ⅓ φλιτζάνι νερό καρύδας. Ανακατεύουμε μέχρι να ομογενοποιηθούν. Σερβίρετε αμέσως.

ΣΥΜΠΕΡΑΣΜΑ

Το Μπλις Μπλις δεν είναι ένα οποιοδήποτε βιβλίο μαγειρικής, είναι μια πρόσκληση να εξερευνήσετε τον υπέροχο κόσμο των βατόμουρων. Αυτό το βιβλίο μαγειρικής είναι μια γιορτή της ευελιξίας και της θρεπτικής αξίας των βατόμουρων και με 100 νόστιμες συνταγές, είναι ο απόλυτος οδηγός για να ενσωματώσετε αυτήν την υπερτροφή στην καθημερινή σας διατροφή.

Το βιβλίο είναι προσεκτικά οργανωμένο, ξεκινώντας με πιάτα πρωινού, όπως τηγανίτες με βατόμουρα, μάφινς και κουλουράκια. Κάθε συνταγή είναι προσεκτικά σχεδιασμένη για να αναδεικνύει τη μοναδική γεύση και υφή των μύρτιλων, κάνοντας κάθε μπουκιά μια έκρηξη γεύσης. Στη συνέχεια, θα βρείτε μια σειρά από αλμυρά πιάτα που χρησιμοποιούν βατόμουρα με καινοτόμους τρόπους, όπως χοιρινό φιλέτο με γλάσο βατόμουρου, σάλτσα μπάρμπεκιου μύρτιλλων και σαλάτα με κινόα με βατόμουρα. Αυτές οι συνταγές θα σας εμπνεύσουν να πειραματιστείτε με νέους γευστικούς συνδυασμούς και να ενσωματώσετε τα βατόμουρα στα καθημερινά σας γεύματα.

Αλλά, φυσικά, κανένα βιβλίο μαγειρικής δεν είναι πλήρες χωρίς μια επιλογή από γλυκές λιχουδιές και το Μπλις Μπλις δεν απογοητεύει. Θα βρείτε κλασικά επιδόρπια όπως πίτα βατόμουρου και κράμπλ βατόμουρου, καθώς και πιο δημιουργικές συνταγές όπως μπάρες cheesecake με βατόμουρο και τάρτα με λεμόνι βατόμουρου. Αυτά τα επιδόρπια είναι ιδανικά για να ικανοποιήσουν τα γλυκά σας, ενώ παράλληλα αποκομίζουν τα οφέλη για την υγεία των μύρτιλων.

Επιπλέον, το βιβλίο περιλαμβάνει χρήσιμες συμβουλές και παραλλαγές για πολλές από τις συνταγές, ώστε να μπορείτε να τις προσαρμόσετε στα γούστα σας ή να δοκιμάσετε νέα συστατικά. Οι συνταγές είναι εύκολο να ακολουθηθούν και περιλαμβάνουν μια λίστα συστατικών, οδηγίες βήμα προς βήμα και όμορφες φωτογραφίες που θα κάνουν το στόμα σας να βουρκώνει.

Εν κατακλείδι, το Μπλις Μπλις είναι ένα απαραίτητο βιβλίο μαγειρικής για όποιον αγαπά τα βατόμουρα ή θέλει να ενσωματώσει στη διατροφή του πιο θρεπτικά και νόστιμα συστατικά. Με 100 συνταγές για να διαλέξετε, δεν θα ξεμείνετε ποτέ από τρόπους για να απολαύσετε τη γλυκιά, πικάντικη γεύση των μύρτιλων. Λοιπόν, ξεκινήστε τη γαστρονομική σας περιπέτεια σήμερα και ανακαλύψτε τον ευτυχισμένο κόσμο της μαγειρικής με βατόμουρα!

Ingram Content Group UK Ltd.
Milton Keynes UK
UKHW021819170723
425310UK00005B/48